私のおいしい味噌汁

有賀 薫

新星出版社

はじめに

私のごはん作りは味噌汁にはじまり、味噌汁で終わります

毎日、台所に立ったら「何を作ろう？」と迷う前に鍋に水を張り、煮干し数尾と、切手ぐらいの大きさに切ってある昆布をパパッと入れて火にかけます。私がごはん作りをはじめる合図です。はじめる前はちょっぴり気が重かったのに、たったこれだけの作業でスッと楽になって、エンジンがかかるのが不思議です。

味噌汁は他の作業の「ついでに」作ってしまいたい、そんな実用的な理由もあるのです。鍋をのぞくと、いつの間にかだしが出ています。他のおかずの材料を切るついでに味噌汁の野菜も切って鍋に入れておけば、これもいつの間にか煮えてくれます。全ての料理が

できあがってお皿を並べたところで、再び意識を味噌汁の鍋へ。さっとあたためて味噌を溶いたら、ごはん作りはフィニッシュ、きれいに着地しています。

いばるような味噌汁はこの本には出てきません。顆粒だしやだしパックを使う日も、冷蔵庫の残り物を味噌汁で片づける日もあります。それでも、湯気の立った熱々の味噌汁がひと椀添えられるだけで、食事の満足度はぐんと上がります。

この本では、私が長年味噌汁を作ってきて、気づいたことや小さな工夫を、お話しします。これはうちでも使えるな、と思ったら取り入れてみてください。作り続けるうちに、ちゃんと「わが家の味」になるのも、味噌汁の魅力です。

私のある日の味噌汁作りをお見せします。次のページへ！

[某月某日　私の味噌汁タイムライン]

だしをとる

だしは最初にとってしまうと気がラクに

今日は煮干し×昆布♪

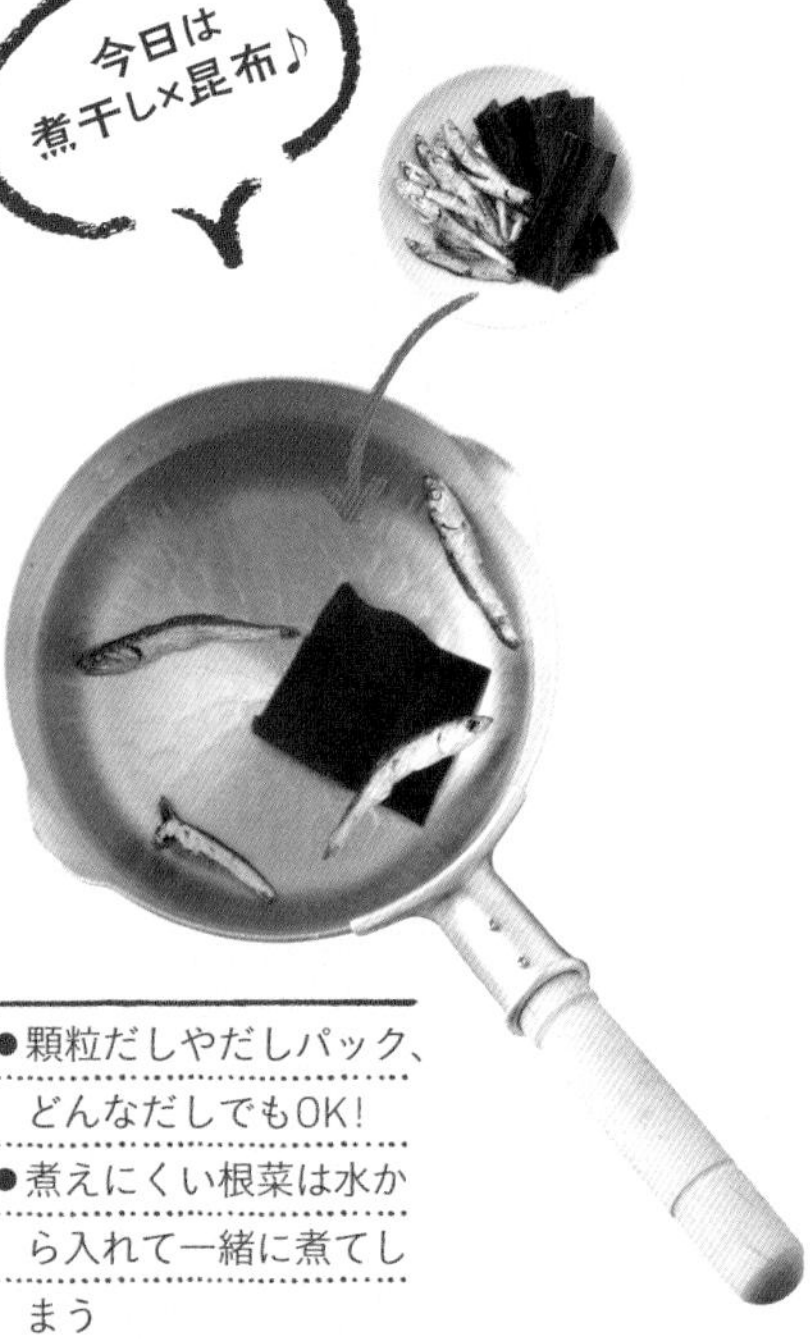

- 顆粒だしやだしパック、どんなだしでもOK!
- 煮えにくい根菜は水から入れて一緒に煮てしまう

←

（弱火でゆっくりだしをとりながら、他の料理にとりかかる）

具材を煮る

切る、煮るは料理の合間にちょこっと！

組み合わせはその日の気分で！

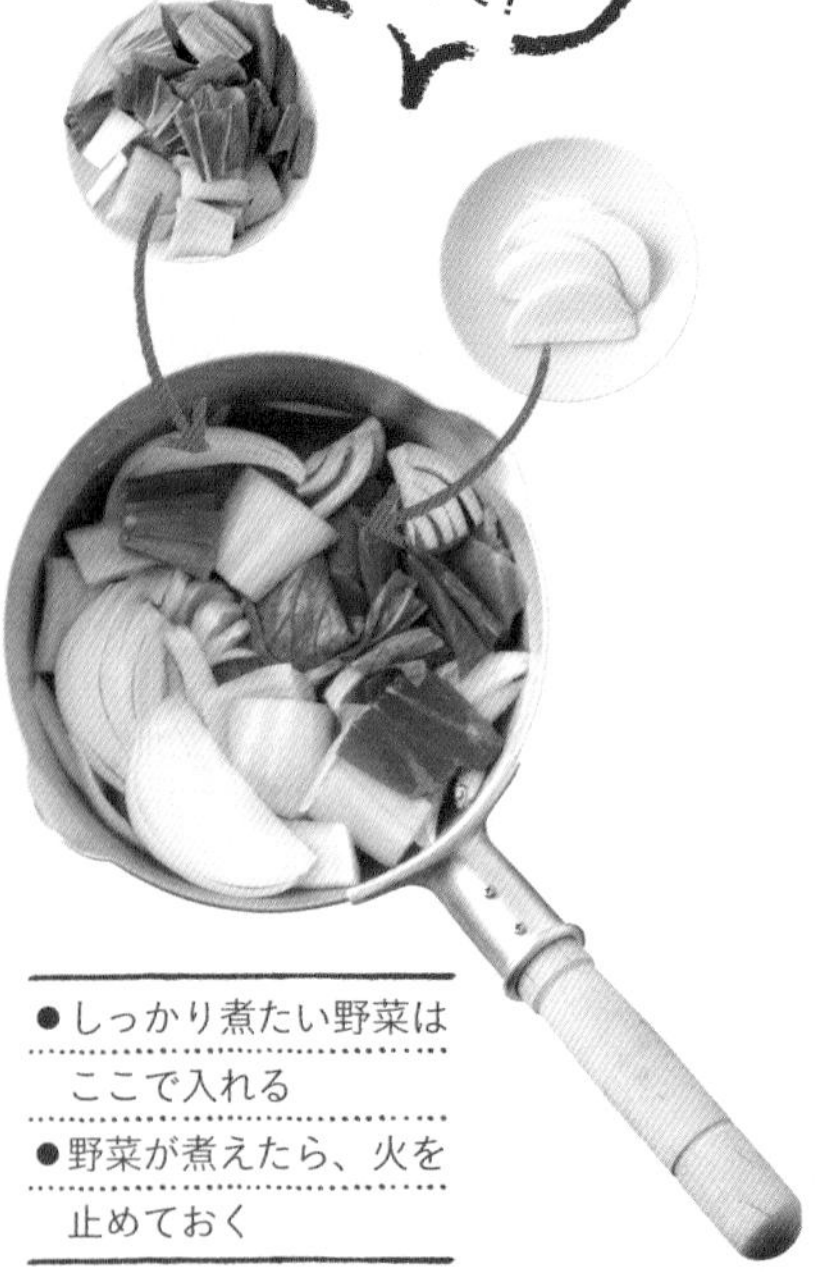

- しっかり煮たい野菜はここで入れる
- 野菜が煮えたら、火を止めておく

味噌を溶く

（テーブルセッティングも済ませてから！）

食卓が9割ととのったらあたためて仕上げを

味噌はおたまで溶いてます

- 最後に味噌を入れてひと煮立ち！
- 豆腐や油揚げ、わかめなど、生でも食べられる食材はこのタイミングで

FINISH!

盛りつけてお好みでトッピング

完成!!
いただきまーす

ねぎやみょうがは食卓に置いて好きなだけ使うのもアリ

この本でお話しする味噌汁のこと

1章 案外人に聞けない味噌汁のこと

味噌汁の量やだしのとり方、鍋の選び方。長年作っていても解決しない、味噌汁のあれこれをつれづれなるままに。

2章 家族に喜ばれたあの日の一杯

長年味噌汁作りをやってきて、これは案外よかったな、家族に喜ばれたな、と思う組み合わせや扱いなど、「具」の話。新鮮なものもいろいろ紹介します。

3章

だしと味噌は深い沼です

だしや味噌、調味料で変わる味噌汁の「味」のこと。だしの裏ワザから目移りしてしまう味噌、私がやってきた味のチャレンジなど、ちょっぴりマニアックなレシピも盛りだくさん。

4章

あれ？ 今日ちょっと違うねと言わせたい

いつもの具材がひと工夫で、こんなに新鮮に、そしてとってもラクになります。長年のごはん作りで発見した、さまざまな味噌汁の「気づき」をレシピとともにお話しします。

目次

3章 だしと味噌は深い沼です

レシピの決まりごと

- だしは、指定がない場合は煮干しと昆布を使っていますが、お好みのものでOKです。
- 大さじ１＝15㎖、小さじ１＝５㎖、１カップ＝200㎖です。指定がない限り、火加減は中火です。ふたはしめるという記載がない場合、なしでOKです。
- 野菜類は記載がない場合、下処理はすませた状態で説明をしています。
- 使用する砂糖や塩などの調味料は、お好みのものでかまいません。味を見て適宜調節してください。
- ご家庭によって調理環境が異なりますので、様子を見ながら調理をしてください。

1章

案外人に聞けない味噌汁のこと

鍋の選び方、ちょうどいい水の量、だしのとり方、味噌のこと。長年味噌汁を作っていても、なかなか正解がわからないものなのです。「あなたの家ではどうしてる?」と私も人に聞いてみたいような基本的な味噌汁のことについて、つれづれなるままにお話しします。

味噌汁2人分
水の量はどれくらい？

余ってしまうとわかっていても、味噌汁は少し多めに作ります。お椀によそってぴったりの量より、1カップぐらい水を足す感覚でしょうか。

水の量が少ないと具がぎゅうぎゅうになって、鍋の中が窮屈そう。お椀にちょうどいい量と、鍋にちょうどいい量って違うもの。だから、余分の水は「鍋のとり分」なのです。

具材を少なくすればいいじゃない、と思うかもしれませんが、どうしても野菜は半端に残したくはありません。豆腐だってキリのいいところで使ってしまいたい。家の料理は理想よりも帳尻合わせが優先です。

具が少ないときや、水分が出る豆腐のときは水を減らし気味に、逆にじゃがいもや大根など長めに煮たいときは増やします。こういうのは、日々のうちになんとなく感覚的なものでやっています。

材料と作り方 2人分

豆腐…150g
油揚げ…⅓枚
長ねぎ…⅓本
だし…450mℓ
味噌…大さじ2

1 豆腐はさいの目、油揚げは幅1㎝、ねぎは1㎝幅の斜め切りにする。

2 鍋にだしを入れて中火にかけ、沸騰したら長ねぎを入れ4〜5分煮る。豆腐と油揚げも加える。

3 味噌を溶いて、ひと煮立ちさせる。

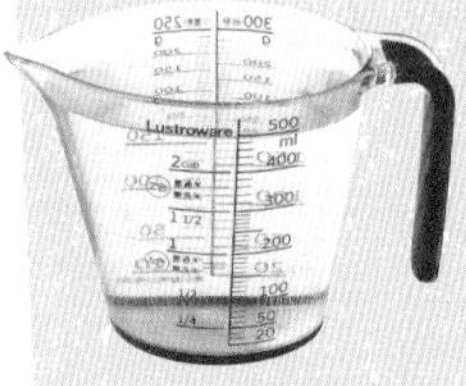

2人分で500mℓ前後

豆腐と油揚げと長ねぎ

わが家の「だし」は煮干しと昆布に落ち着きました

煮干しの味噌汁、昔は好きじゃありませんでした。子どものころ、夕方に台所をのぞくと鍋の中に煮干しがゆらゆらしています。ごはんどき、煮干しはそのままお椀の中に入っていて、それも食べろと母に言われるのが嫌でした。煮干しの目を今も覚えています。

だから家を出てしばらくは煮干しではなく、だしパックや顆粒だしを使っていたのです。なのに、なぜか今は煮干しだしが大好きになっているのだから、人の舌の記憶って面白いなと思います。

煮干しだけでもいいし、最近は小さく切った昆布も加えるのが定番。かけ合わせでぐんとおいしくなります。煮干しも昆布も20分ぐらい浸けておくといいというのはその通りですが、いきなり煮てもちゃんとだしは出ます。煮えにくい根菜やいもなら一緒に入れて煮はじめてしまいます。全く問題ありません。

材料と作り方 2人分

かぼちゃ…⅛個
たまねぎ…¼個
煮干し… 3～4尾
昆布… 5㎝
水…500㎖
味噌…大さじ2

1 かぼちゃは種をとって薄切り、たまねぎも薄いくし形切りにする。

2 鍋に煮干しと昆布、水を入れて中火にかけ、沸騰したら昆布を取りだす。弱火にし、かぼちゃとたまねぎを入れて5～6分、やわらかくなるまで煮る。

3 味噌を溶いてひと煮立ちさせる。

昆布と煮干しはいつも台所に

かぼちゃとたまねぎ

これと決めた味噌は浮気せずに愛をつらぬく

新米主婦のころに私が味噌汁の味であまり悩まなかったのは、実家と同じ味噌をそのまま使っていたからです。味噌が同じだと、慣れ親しんだ味噌汁とまあまあ近い味になります。だから、この味噌が近所で買えなくなったときは困りました。

　毎日の味噌は、これと決めたらひと筋です。今日はこっち、明日

麦味噌

大豆、麦麹、塩から造られる味噌。麦の香りが特徴。九州、四国、中国地方に多い。

はそっちと変えることはありませんし、切れたら同じ味噌を買い続けます。同じ味噌なら量ったりしなくても、このぐらいの量を使えばいいと、感覚的にわかるからです。

たまに白味噌や赤だし味噌など特殊な味噌を使うことがありますが、そのときもいつもの味噌に混ぜ込みます。こうすることで安心感のある味噌汁になります。

自分の作る味噌汁にピンとこない人は、実家の味噌が何だったか調べて使ってみてはどうでしょう。これこれ、と思うはずです。

味噌の塩分は製品によって違うので、レシピを目安に、お使いの味噌で調整してください。

豆味噌

大豆、豆麹、塩から造られる味噌。塩分は少なめ。東海地方に多く、この地域では赤味噌と呼ばれることも。

米味噌

大豆、米麹、塩から造られる最も生産量の多い味噌。熟成によって白味噌、赤味噌、淡色味噌などに分かれる。

味噌汁鍋とフィットネスウエアはジャストサイズがいい

大丈夫です。ぺこぺこのアルミ鍋でもテフロン鍋でも土鍋でも、味噌汁は同じように作れます。どれが特別おいしくてどれがダメということはありません。

　ただ、サイズにはこだわりたいのです。2人分か3人分だったら14〜16cm、4人分か5人分なら16〜18cm。大きな鍋で少量の味噌汁を作ると具材が顔を出してしまうし、水分が蒸発しやすくて味も安定しません。フィットネスウエアや水着が大きすぎたら動きにくいのと同じで、ちょうどいいサイズを選ぶのが大事。

　うちは16cmの片手鍋です。あまりに毎日使うので味噌汁専用鍋になっています。ふたつきだと、炒め物をしている隣のコンロから油がはねて入ったりしなくてありがたいです。

材料と作り方 2人分

- オクラ…3本
- いんげん…3〜4本
- ズッキーニ…⅓本
- だし…500mℓ
- 味噌…大さじ2

1　いんげんは3等分程度に切る。ズッキーニは薄めの輪切り、オクラは2〜3cm幅に切る。

2　鍋にだしとズッキーニ、いんげんを入れて中火にかけ、5〜6分ほど、やわらかくなるまで煮る。

3　オクラを入れ1〜2分煮る。味噌を溶いて、ひと煮立ちさせる。

オクラといんげんとズッキーニ

煮えばなをつかまえたら今日はいい日！

風味が飛ぶので味噌を溶いたらあまり煮立てないで、と教わりました。料理用語に「煮えばな」という言葉があって、長いこと「煮え花」ってなんだろうと思っていたのが、調べてみたら「煮え端」でした。これは沸騰する前でも沸騰した後でもなく、まさにピンポイントで沸騰した瞬間のこと。火にかけた鍋の中をずっとにらんでいて、ぐらっときたら、これが煮えばな。この瞬間に火を止められると、煮えばなマスターです。

こういうのって、ちょっと職人的ですよね。まあ、家で作るときは、ぐらぐら煮立てないというぐらいに考えればいいのかなと思います。他のことをやっているうちに、うっかりして味噌汁が沸きに沸いていた、ということがあるあるな私ですが、ごくたまに煮えばなをつかまえられる日があって、そういう日は「勝った！」という気分になれます。

ミックスきのこ

材料と作り方 2人分

ぶなしめじ…⅓パック
しいたけ…2～3枚
えのきだけ…¼パック
水…500mℓ
酒…大さじ1
味噌…大さじ2

1 きのこは石づきをとる。ぶなしめじは手でほぐし、しいたけとえのきだけは食べやすい大きさに切る。

2 鍋にきのこと酒を入れ、ふたをぴったりして中弱火にかける。3～4分、途中で混ぜながらきのこがしんなりするまで加熱する。

3 水を加えて煮立て、味噌を溶き入れひと煮立ちさせる。

大きな声では言えない ずぼらな私の味噌の溶き方

味噌は味噌こしを使うとラクにきれいに溶けますよ……なんて先生顔でお伝えしていながら、私は味噌こしを使っていません。それどころか、あまり人に言えないような味噌の溶き方をしています。ここだけの話、ということでお伝えします。

　具が煮えたら火を止めて、おたまですくった味噌を鍋の中へ突っ込んで、そのまましばらく置いておくのです。他の料理をしている間に味噌がだしの中でゆるんで溶けやすくなっています。食べる前にあたため返して箸で溶けば、あっという間にサラサラ溶けてくれる、というわけです。ダマになるストレスがありません。

　ちなみに味噌のザラザラは気にしない派です。上品な味噌汁がいい人はちゃんと味噌こしを使って、こんな裏ワザがあることだけ、頭の片隅にしまっておいてください。

材料と作り方 2人分

キャベツの葉…1〜2枚
かにかまぼこ…3本
だし…500mℓ
味噌…大さじ2

1 キャベツは手でちぎる。芯は食べやすい大きさに切る。かにかまぼこはほぐす。

2 鍋にだしを入れて中火にかけ、沸騰したらキャベツを入れ、4〜5分煮る。

3 かにかまを入れ、味噌を溶いてひと煮立ちさせる。

キャベツとかにかま

2日目の味噌汁もおいしく食べるのは、愛

味噌汁を多めに作っておいて、翌朝も食べるという人、案外多いですね。うちでは朝がパン食だったので、味噌汁の作り置きはしなかったのですが、以前は夫や息子の帰りが遅く、時間差で味噌汁を出すことがよくありました。何時間もたった味噌汁は、わかめがブヨブヨ、ねぎもヨレヨレ。

　そのうち、後入れにすればいいんだと気づきました。たとえば刻みねぎやみょうがのような香りを添えるもの、わかめや揚げ玉など、熱や水分でぐずぐずになってしまうものは、鍋に入れずにとっておいて、あたため返すときに入れるのです。時間がたって味噌の香りが多少損なわれても、食感や香りで味噌汁がリフレッシュします。2日目の味噌汁にも使える手です。

　そのひと手間はかけなくてもいいひと手間です。だから、後入れするとき私は誰にともなく「愛だね」とつぶやいています。

材料と作り方 2人分

わかめ…20g（乾燥の場合は小さじ2）

じゃがいも…1個

青ねぎ…2〜3本

だし…550㎖

味噌…大さじ2

1. じゃがいもは皮をむいて半分に切ってから1㎝幅に切る。わかめは食べやすい大きさに切る。
2. 鍋にだしとじゃがいもを入れて中火にかけ、10〜15分、やわらかくなるまで煮る。
3. 味噌を溶いてひと煮立ちさせる。わかめと小口切りにした青ねぎを加える。

わかめとじゃがいもと青ねぎ

3つのお椀をTPOで使い分け

わが家では和食じゃないメニューにも味噌汁をつけることが多いのです。ハーブ入りのトマトソースをかけたお肉や、ちょっとエスニックな雰囲気の炒めものなど洋の平皿を使うときに黒や赤のお椀だとあまりしっくりきません。そういうときは、持ち手のついた木のスープカップに味噌汁を入れて出したりします。お椀を変えるだけで味噌汁がミソスープという感じになります。いわば味噌汁のお色直しみたいなものでしょうか。

もうひとつ、持っていて便利だなと思っているのは、大きめのお椀です。豚汁など、具材のたっぷり入った味噌汁のときはこのお椀の出番。このボリュームなら味噌汁が脇役から主役に格上げされます。汁だけでなく小さな丼がわりに使ったりもできて、わが家ではとっても重宝しています。

最も出番の多い4寸サイズのお椀は、もう十何年も使っているもの。どこで買ったのかも忘れてしまいました。手にしっくり馴染むサイズで、口につけたときの感じが気に入っています。そろそろ新しくしたほうがいいかなあと思いながら、愛着があって使い続けています。

わが家では銘々のものが決まっている食器はこれと湯呑みぐらい。口をつける器はパーソナルなものなんだなと感じます。

5寸椀(約15㎝)
小丼ぐらいのサイズ。豚汁や具だくさんの味噌汁がこのお椀にたっぷりあれば、あとはごはんだけでも大丈夫。
カップ
お湯を注ぐだけの味噌汁や洋風の具材のときなど、いつもとちょっと雰囲気を変えたいときはこんなカップで!
4寸椀(約12㎝)
一般的な味噌汁椀のサイズ。普段の日の味噌汁はこの大きさで。

2章

家族に喜ばれた あの日の一杯

長年味噌汁作りをやってきた中で、そういえばこの組み合わせは案外よかったな、この具は家族に喜ばれて繰り返し作ったな、そんな組み合わせや調理法など、具材のことをお伝えします。わが家ではありきたりな定番でも、あなたの目には新鮮に映るかもしれません。

大人もおいしい 豆腐の赤ちゃん切り

息子が離乳食だったころ、味噌汁の豆腐を小さく切って作っていました。小さな器によそった豆腐の味噌汁は、まるでままごとの味噌汁みたいでした。

息子も成長し、離乳食を作ることはなくなりましたが、あの小さな豆腐の味噌汁だけはいまだに作って食べ続けています。

だしも味噌も変えたわけではないのに、お椀から口の中に心地よく小さな豆腐がサラサラ入ってきて、いつも食べている豆腐の味噌汁とはちょっと違う、上品な味噌汁になります。豆腐はなるべく小さく、7〜8㎜ぐらいの角切りに。木綿豆腐よりなめらかな舌ざわりの絹ごし豆腐でやるのが気に入っています。

トッピングや他の具材も細かく切って入れると、繊細なイメージに仕上がります。赤ちゃんのために作ったものが、大人の味噌汁になりました。

材料と作り方　2人分

- **豆腐（絹ごし）…100g**
- **油揚げ…⅓枚**
- **みょうがが…1個**
- **だし…450㎖**
- **味噌…大さじ2**

1　みょうがはみじん切りにする。豆腐と油揚げは7〜8㎜の角切りにする。

2　鍋にだしを入れて中火にかけ、沸騰したら豆腐と油揚げを入れてあたためる。

3　味噌を溶いて、ひと煮立ちさせ、みょうがを散らす。

サイズが違うと味わいも変わる！

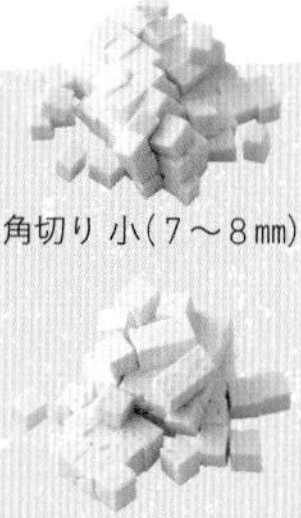

角切り 小（7〜8㎜）

角切り 大（1〜1.5㎝）

小さな豆腐と油揚げとみょうが

脇役はもちろん主役もいける
ベテラン役者の油揚げ

　豆腐とともに、わが家の味噌汁に欠かせないアイテムは、油揚げ。ねぎと油揚げ、なすと油揚げ、キャベツと油揚げ、ほうれんそうと油揚げ、わかめと……とにかく、これさえ入れれば、満足感の高い味噌汁になると思っているところがあります。油揚げが持つ大豆のうまみと油のコクを借りるという感じです。

　バイプレイヤーに見えて、大きめに切ってあげると、しっかり主役を張れるのも油揚げの魅力。味噌汁界の名役者といえます。

　油揚げと一番相性がいいと思うのは大根。私の父が好きな組み合わせでもありました。大根のほのかな苦みを、油揚げがふんわりくるんでくれて、冬の日にぴったりの味噌汁です。

　油揚げを、トースターでちょっと焼いて入れるのもおいしいです。

材料と作り方　2人分

油揚げ…½枚
大根…4㎝
だし…550mℓ
味噌…大さじ2

1　大根は皮をむいていちょう切りにする。油揚げは約3㎝角に切る。

2　鍋にだしと大根を入れて中火にかけ、大根がやわらかくなるまで10分ほど煮る。

3　油揚げを加え、味噌を溶いて、ひと煮立ちさせる。

油揚げと大根

ねぎのトッピングにピリ辛のひと工夫

　吸い口、つまりトッピングは、ファッションにおけるアクセサリーやネイルみたいなものです。なければないで済むのですが、私は何もないと落ち着かないのです。この落ち着かなさが何かに似ていると思っていたら、お化粧を忘れて外に出たときの感覚に似ていました。お化粧だってしなくてもいいものだけど、習慣なんでしょうね。吸い口があると、やはり味噌汁全体が引き締まります。わが家でよく使うのは長ねぎですが、いつも同じになりがち。

　ある豆腐の味噌汁を作った日、ふと思いつきで、ねぎを薄切りにしてラー油で和えたものをトッピングしてみました。そうしたら、辛味噌スープと呼びたくなるような感じになって、印象深い味噌汁になりました。以来、ときどきやっています。辛いのが苦手なら、ごま油にかえてもおいしいです。

材料と作り方 2人分

豆腐…100g
長ねぎ… 5〜6㎝
だし…450㎖
味噌…大さじ2
ラー油…少々

1 豆腐は食べやすい大きさに切る。長ねぎは斜め薄切りにして、ラー油で和えておく。

2 鍋にだしを入れて中火にかけ、沸騰したら豆腐を入れてあたためる。

3 味噌を溶いてひと煮立ちさせ、お椀によそってから1の長ねぎをのせる。

豆腐とピリ辛ねぎ

どうしてやらなかったのかな
にんじんの味噌汁

豚汁のときはにんじんを必ず入れるのに、にんじんメインの味噌汁は、いままで見たことがありませんでした。で、やってみたらおいしかった、という話。

にんじんは他の野菜と合わせると、特有のにおいや甘みが悪目立ちすることが多い気がします。スープでにんじんをおいしく食べる工夫をしているうちに、単独でその甘さとおいしさを味わうのが、にんじんの一番の食べ方なんだなと気づきました。

味噌汁でも同じです。食感が単調になりすぎないよう、油揚げを少し合わせるだけ。他の野菜は入れません。普通の味噌に白味噌を少し混ぜてあげると、にんじんに合うやさしい味になります。

普通の味噌なら牛乳や豆乳をちょっと混ぜてもいいかもしれません。お子さんも好きな味です。

材料と作り方 2人分

にんじん…½本
油揚げ…½枚
だし…550㎖
味噌…大さじ2～3
（赤味噌2：白味噌1）

1 にんじんはタテ4つに切ってから、斜めに切って細い乱切りにする。油揚げは1㎝幅に切る。

2 鍋ににんじんとだしを入れて中火にかけ、にんじんがやわらかくなるまで10～12分煮る。

3 油揚げを加えて味噌を溶き、ひと煮立ちさせる。

にんじんと油揚げ

たまご！ たまご！ たまご！

沖縄に行ったら食べてみたかったのが「みそ汁定食」です。定食屋で注文すると、大きな丼になみなみと味噌汁が出てきました。あくまでも味噌汁がメインで、おかずは添え物。たまご入りを頼んだら、ミックス野菜の味噌汁に落としたまごが入って半熟のいい感じ。これだけでごはんがどんどんすすみます。

　これに限らず、たまごの味噌汁はどんなときも魅惑的です。落としたまごの味噌汁もかきたまの味噌汁もたまらなくおいしい。だったら目玉焼きを入れるのも悪くないだろうと思って、朝ごはんの定番、ベーコンエッグでやってみました。ベーコンのコクも加わり、不思議な組み合わせなのに懐かしいような味噌汁です。半分沈んでしまって見た目は決して美しいわけではないのですが、食べはじめると、たまごの力を思い知ります。

材料と作り方　2人分

たまご…2個
ベーコン…1枚
サラダ油…大さじ1
だし…400mℓ
味噌　大さじ2

1　鍋にだしを入れて中火にかけ、沸騰したら味噌を溶く。ベーコンは半分に切る。

2　フライパンにサラダ油をひいて熱し、ベーコンを置き、たまごを割り入れる。中弱火で3～4分、半熟の目玉焼きにする。

3　お椀に2をそれぞれ入れ、1の味噌汁を注ぐ。

ベーコンエッグ

えのきのかきたま汁

材料と作り方 2人分

えのきだけ…⅓パック
たまご…1個
だし…500mℓ
味噌…大さじ2

1 えのきだけは石づきをとり、2㎝幅に切る。

2 鍋にだしを入れて中火にかけ、沸騰したらえのきだけを入れて3〜4分煮る。

3 味噌を溶いて、ひと煮立ちさせ、溶いたたまごを回し入れる。ふんわり浮かび上がってきたらできあがり。

スナップえんどうと新たまねぎと落としたまご

材料と作り方 2人分

スナップえんどう…6本
新たまねぎ…¼個
たまご…2個
だし…500㎖
味噌…大さじ2

1 スナップえんどうは筋を取る。たまねぎは薄切りにする。

2 鍋にだしとたまねぎ、スナップえんどうを入れて中火にかけ、沸騰したら3〜4分煮る。

3 味噌を溶き、たまごを割り入れてふたをして弱火で約3分、白身が固まるまで煮る。

お椀に顔を近づけたら ふわっとのりの香り

味噌汁の話からちょっと離れますが、昔、渋谷駅のそばに昔ながらの醤油ラーメンを出す店があって、父に連れて行ってもらったことがありました。運ばれてきたラーメン丼の縁にはのりが差し込まれていました。きれいな醤油のスープから、湯気と一緒にのりの香りがふわーっと立ちのぼってきたのが忘れられません。

それを味噌汁に応用したら、これが大成功。大きいまま差し込んでも、ちぎって入れても、お好みでかまいません。のりの香りがあるだけでスペシャルになるし、1枚入るだけで急にごはんに合う雰囲気を漂わせてきます。

もうちょっと手軽にしたいときには、常備している青のりを仕上げにパッパとふります。青のりがキャベツの味噌汁に合うなと感じるのは、お好み焼きで慣れているからでしょうか。じゃがいも×青のりもいいものです。

材料と作り方 2人分

キャベツの葉…1〜2枚
青のり…少々
だし…500mℓ
味噌…大さじ2

1 キャベツは1〜2cm幅に切る。

2 鍋にだしを入れて中火にかけ、キャベツを入れてやわらかくなるまで4〜5分煮る。

3 味噌を溶いて、ひと煮立ちさせ、お椀によそって青のりをふる。

味噌汁におすすめなのり

焼きのり

あおさ／青のり

キャベツと青のり

豚汁最強！

キャンプやマラソン大会、旅の途中で寄ったサービスエリア、息子のボーイスカウトのお手伝いの炊き出し。豚汁にはイベントのときに食べたり作ったりした思い出がたくさんあります。

プラスチックの丼で、味噌が薄くて、大根とにんじんとこんにゃくばかりの汁に豚の脂身がちょっと浮いた、そんなちょっぴりチープな豚汁がイメージです。

そしてもうひとつの豚汁の思い

シンプル豚汁

材料と作り方 2人分

豚バラ薄切り肉…100g
大根…5cm
にんじん…⅓本
ごぼう…⅓本
しょうが薄切り…1片
ごま油…大さじ1
水…600mℓ
味噌…大さじ3
七味唐辛子…適量

1 大根とにんじんはいちょう切りにする。ごぼうはささがきにする。豚肉は4cm幅に切る。

2 鍋にごま油を熱して、しょうが、大根、にんじん、ごぼうの順に加えて炒める。大根が少し透き通ってきたら、豚肉も加えてさらに炒める。水と味噌の半量を加えて沸騰したら弱火にして20分ほど煮る。

3 残りの味噌を溶き入れ、ひと煮立ちさせる。好みで七味唐辛子をふる。

出は、実家の豚汁。母の姿です。

　部活や遊びから帰ってくると、母がキッチンでごぼうやこんにゃくなどの具材を次々下ゆでしてザルに並べています。その姿を見ると「今日は豚汁だ！」と心が躍ります。豚汁だけは必ずおかわりをしていました。

　さらに楽しみなのが翌日です。具だくさんの豚汁は、時間がたって具が汁を吸っていて、これがまた煮物みたいでおいしいのです。

　外でも、家でも、たくさんの思い出が重なる豚汁は、やっぱり最強の一杯です。

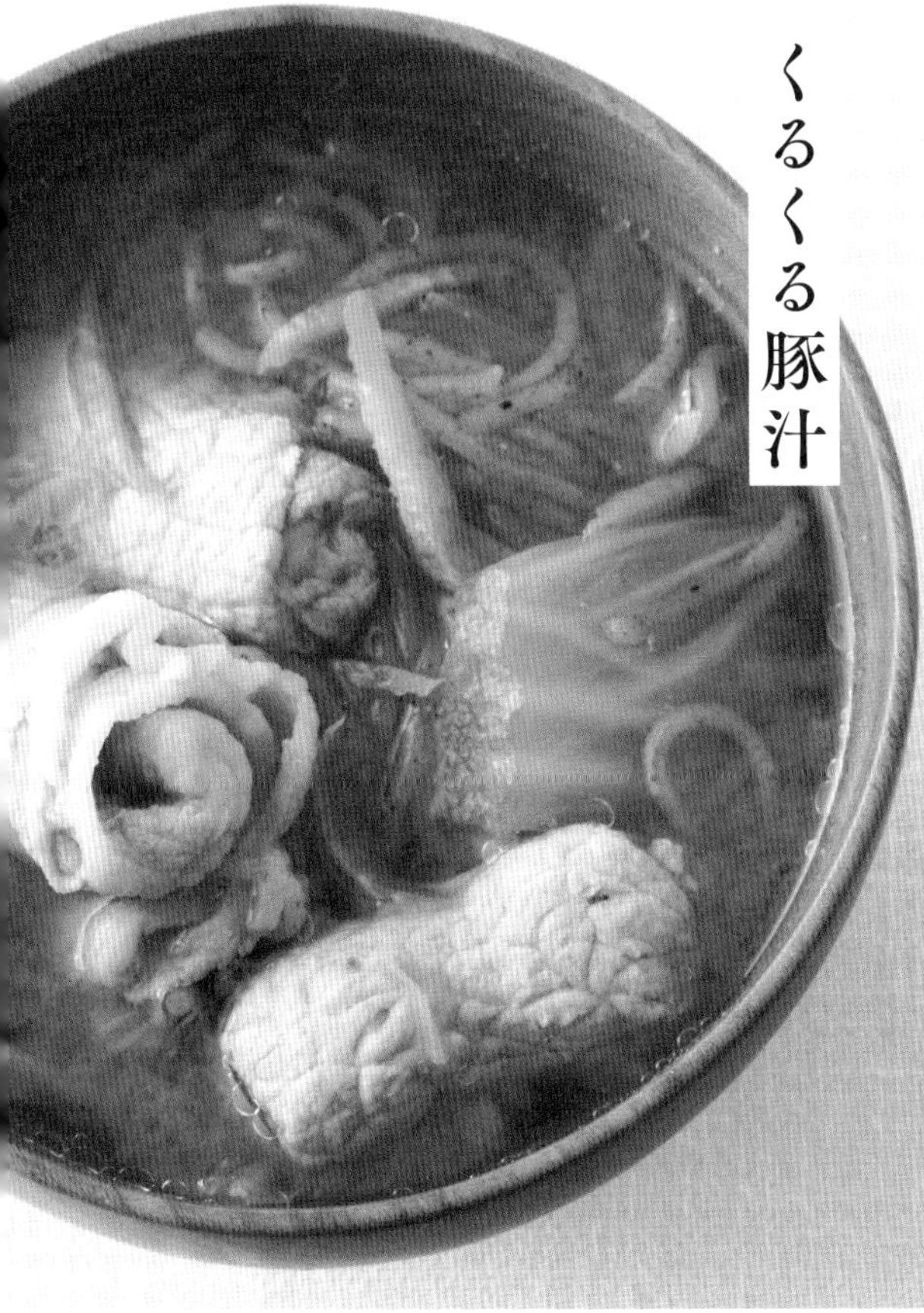

くるくる豚汁

材料と作り方 2人分

豚薄切り肉
（部位はお好みで）…150g
白菜の葉…1～2枚
白滝…小1パック（60～70g）
水…600mℓ
味噌…大さじ3
ゆず皮…少々

1 白菜は4㎝幅のそぎ切り、白滝は下ゆでして、食べやすい長さに切る。豚肉を1枚ずつ、そのままくるくると巻く。

2 鍋に白菜と白滝を入れ、そこに豚肉の巻き終わりを下にして並べ、水100mℓを加えてふたをし、中火にかける。肉の色が変わったら残りの水を加える。

3 10分ほど煮て野菜がやわらかくなったら、味噌を溶き入れる。千切りにしたゆず皮を散らす。

ほうれんそうは おひたしからのおすそ分け

機嫌がよくて元気な日。私がスーパーの野菜売り場でほうれんそうを買うのはそういうときです。小松菜やチンゲンサイなどの青菜はそのままスープや味噌汁に入れて煮ても大丈夫ですが、ほうれんそうだけは、下ゆでしたものを使わないと黒いアクが出てしまって、おいしくならないんですよね。だから、洗ってゆでて水にさらして、ぎゅっと絞るというひと手間がめんどうでない日に買います。

わが家ではほうれんそうの味噌汁は、おひたしを作ったついでに作ります。私のおひたしはだしに浸けず、ゆでて切っただけのもの。少しとりわけて味噌汁に流用しても問題ありません。

そのまま使える冷凍ほうれんそうも便利です。ベーコンと組み合わせて、味噌汁にしたら案外いい感じだったので、これはときどきやるようになりました。

材料と作り方 2人分

ほうれんそう…2〜3株分
ベーコン…1枚
だし…400mℓ
味噌…大さじ2

1 ほうれんそうは、ゆでて水にさらしてぎゅっと絞ったものを4cm幅に切る。ベーコンは1cm幅に切る。

2 鍋にだしを入れて中火にかけ、ベーコンを加えてあたためる。

3 ほうれんそうを入れ、味噌を溶いてひと煮立ちさせる。

ほうれんそうと ベーコン

むき身の貝なら手軽でぜいたく

牡蠣が大好きな私。でも生牡蠣は撮影や取材の前日は用心して食べないようにしています。生牡蠣の、つるんとしたクリーミーな食感も捨てがたいですが、火を通してぷりっとした牡蠣もこれはこれで魅力的です。フライや鍋、炊き込みご飯などで楽しんでいます。

味噌汁に牡蠣もぜいたく感があってもいいものです。むき身で売られているから洗うだけで使えて、めんどうな砂抜きの必要もありません。実は、味噌汁の定番であるあさりやしじみよりずっと手軽なのがありがたいところ。

朝の味噌汁というよりは夜の味噌汁。野菜も入れて、たっぷり食べられるようにしています。濃いだしが出るから、豆腐を入れても鍋のようでおいしい。

ご飯はもちろん、酒の肴にもなりそうなひと椀です。

材料と作り方 2人分

- 牡蠣（むき身・加熱用）…大10粒（120g）
- 春菊…4〜5株
- ゆず皮…少々
- 昆布…5cm
- 水…400mℓ
- 味噌…大さじ2

1 牡蠣は塩（分量外）をまぶして、汚れが浮いてきたら手でやさしく水洗いする。春菊はざく切りにする。

2 鍋に昆布と水を入れて中火にかけ、沸騰したら昆布を取りだして牡蠣を入れ、5〜6分煮る。

3 牡蠣が煮えたら味噌を溶いてひと煮立ちさせ、春菊を加えて火を止める。ゆずの皮をのせる。

牡蠣と春菊とゆず皮

みんなに人気のぽってりマッシュポテト

使ったことのない食材を仕事で使うことがよくあります。マッシュポテトの素もそのひとつ。マッシュポテトにお味噌汁をかけたらおいしいですよ、と提案したら、そもそもマッシュポテトを作るのが結構大変、となりました。それで、フリーズドライのマッシュポテトの素というのをはじめて買ったのです。お湯や牛乳で溶くだけで、ちょっと驚くほどおいしいマッシュポテトになります。

この味噌汁が撮影のときお腹を減らしたスタッフに大人気。その中の1人に「夜遅くなって料理をしたくないようなときでも、これなら作れる」と言ってもらえました。

どんなにおいしいものでも、作ってもらわなくてはそのおいしさは届かない。実際に作れるようなものでなくてはいけないなと、そんなことに気づかせてくれた味噌汁です。

材料と作り方 2人分

マッシュポテトの素…40g
湯または牛乳
…80〜100mℓ（製品の表示通り）
だし…400mℓ
味噌…大さじ2

1　マッシュポテトの素に湯またはあたためた牛乳を少しずつ混ぜ、マッシュポテトを作る。（少し固めでもOK）

2　鍋にだしを入れてあたため、味噌を溶く。

3　1をそれぞれお椀に盛り、ポテトが崩れないように味噌汁をそっと流し入れる。好みでこしょうや粉チーズをふってもよい。

なにかと便利なマッシュポテトの素

マッシュポテト

教科書で覚えた おいしい郷土汁

小学校で家庭科の授業がはじまったとき、何気なくめくった教科書の中にあった「さつま汁」に心を奪われました。写真から、どうやらわが家でもよく出る豚汁に近い汁物で、豚と里いものかわりに鶏とさつまいもが入るようです。

豚汁が大好物だった私は、おいしそう！と子ども心にわくわくしましたが、結局、授業で作る機会はありませんでした。そして心にそのレシピが刻まれたまま私は大人になり、結婚してからはじめて作ってみたのです。

歯ごたえのある鶏とほっくり甘いさつまいものコンビは最高です。鹿児島の郷土汁でもあるさつま汁は豚汁のルーツではないかともいわれます。豚汁にはだいぶ差をつけられていますが、私にとっては子どものころの高揚感を思い出す一品。豚汁に負けるな！という気持ちで作っています。

材料と作り方 2人分

鶏もも肉…300g
さつまいも…中1本
ぶなしめじ…½パック
長ねぎ…½本
昆布…5cm
水…700mℓ
味噌…大さじ3

1 鶏肉はぶつ切り、さつまいもは2cmの輪切り。長ねぎは斜め切り、ぶなしめじは石づきをとってほぐす。

2 鍋に昆布と水、鶏肉、さつまいもを入れて中火にかけ、沸騰したら昆布を取りだし、アクをすくって味噌を大さじ1だけ加え、ふたをし、弱火にしてさつまいもがやわらかくなるまで15〜20分煮込む。長ねぎとぶなしめじを加えさらに5分煮る。

3 残りの味噌を溶いてひと煮立ちさせる。

鶏とさつまいもと しめじと長ねぎ

自然をお椀に取り込む 旬の食材の楽しみ方

春になると私がそわそわするのは、桜を心待ちにしているからではありません。たけのこや山菜など、いきなりやって来てあっという間に過ぎ去っていく、春の食材を待っているせいです。

生産や流通が発達した今、多くの食材がいつでも手に入るようになりました。それでも、夏のモロヘイヤや冬のゆずなどその季節にしか買えない野菜もありますし、じゃがいもや鮭のように通年あってもおいしさが断然違う食材もあります。

おいしさだけでなく、自然の恵みのありがたみを感じられるのが、旬の食材の最大の魅力です。

毎日の味噌汁だからこそ、旬の食材をお椀に見つけたとき、嬉しさをことさら感じられるのです。

材料と作り方 2人分

たけのこ…100g
（水煮または下ゆでしたもの）
わかめ…20g（乾燥の場合は小さじ2）
だし…400mℓ
味噌…大さじ2

1 たけのことわかめは食べやすい大きさに切る。

2 鍋にだしを入れて中火にかけ、沸騰したらたけのこを入れてあたためる。

3 わかめを加え、味噌を溶いて、ひと煮立ちさせる。

春の味覚
たけのことわかめ

春

たけのことわかめ

夏

モロヘイヤと豆腐

材料と作り方 2人分

モロヘイヤ…½束
豆腐（絹ごし）**…80g**
だし…450mℓ
味噌…大さじ2

1 豆腐は小さめの角切りにする。モロヘイヤは茎の固いところを切り落とし、細かく刻む。

2 鍋にだしを入れて中火にかけ、沸騰したら豆腐を入れてあたためる。

3 味噌を溶いてひと煮立ちさせ、モロヘイヤを加えて10〜20秒で火を止める。

秋 鮭とじゃがいも

材料と作り方 2人分

生鮭切り身…2切れ
じゃがいも…中2個
だし…600mℓ
味噌…大さじ2
バター…少々

1 じゃがいもは皮をむき、4つか6つ割りにする。鮭は食べやすい大きさに切る。

2 鍋にだしとじゃがいもを入れて火にかけ、ふたをしてじゃがいもがやわらかくなるまで15分ほど煮る。鮭を加えてさらに5分ほど煮る。

3 味噌を溶いてひと煮立ちさせ火を止める。お椀によそい、バターを落とす。好みで黒こしょうをふってもおいしい。

冬 白菜とゆず

材料と作り方 2人分

白菜の葉…1〜2枚
ゆず皮…少々
だし…500mℓ
味噌…大さじ2

1 白菜は3㎝幅のそぎ切りにする。

2 鍋にだしを入れて中火にかけ、沸騰したら白菜を入れふたをして7〜8分煮る。

3 味噌を溶いてひと煮立ちさせ、千切りにしたゆず皮を散らす。

洋風食材なら パンにも合う 味噌汁に

アボカドやトマトを味噌汁に入れると言うと、「洋風の食材を味噌汁に!?」とびっくりされる方がいます。味噌汁は和のもの、という発想なのかもしれません。味噌汁と思うと冒険できないなら、「ミソスープ」と考えれば、案外思い込みが外れてくれます。合わせる料理の幅も広がるかもしれません。

アボカドと豆腐

材料と作り方 2人分

- アボカド…½個
- 豆腐…100g
- だし…450㎖
- 味噌…大さじ2

1 アボカドは種を取り、皮をむいて2～3㎝の角切りにする。豆腐は2㎝の角切りにする。

2 鍋にだしを入れて中火にかけ、沸騰したらアボカドと豆腐を入れてあたためる。

3 味噌を溶いて、ひと煮立ちさせる。

かくいう私も、冒険をすることは少なく、新しいレシピが生まれるのは冷蔵庫の事情で思いがけず、ということが多いです。たとえばアボカドの味噌汁は半分食べ残したのを使わなきゃと思って入れたのがはじまり。アボカドだけでは重たいので、豆腐を組み合わせたらいい感じでした。

　洋風な食材を味噌汁に入れると、家族の抵抗にあう場合もあるかと思います。食べるだけの人は、味よりイメージで判断していることも多いのです。そんなときは、お椀でなく軽い色合いのカップによそって、パンやパスタと一緒に出してみてください。案外するりと食べてくれるものです。

レタスとマッシュルームと鶏ささみ

材料と作り方　2人分

レタスの葉…1～2枚
マッシュルーム…3個
鶏ささみ…2本
だし…500㎖
味噌…大さじ2

1　マッシュルームは石づきをとり、薄切りにする。鶏ささみはそぎ切りにする。

2　鍋にだしとマッシュルームを入れて中火にかけ、沸騰したら3分ほど煮る。鶏ささみを加えてさらに2分ほど煮る。

3　味噌を溶き入れ、レタスの葉をちぎりながら加えて火を止める。

いつでも棚にスタンバイ
乾物はわたしのキッチン保険

今日こそは買い物に行くぞ！と意気込んでいたのに、午後になったら、空模様があやしくなり、あっという間にゲリラ豪雨。心くじけてもう今日は家にあるものでなんとかしよう……という残念な日があります。しかも味噌汁を作ろうとしても豆腐も油揚げもない。

そんなときに頼もしいのが乾物です。はるさめ、ひじき、切り干し大根などはボリュームも出て、おかずがさびしくても味噌汁で補うことができます。

また、桜えびなど、乾物には戻し汁にうまみが出るものも多く、戻した汁も合わせて使ってみるといつもと違う風味の味噌汁ができます。

乾物のだしは味や香りが強いので、戻し汁は全て入れてしまわずに、水や他のだしに混ぜるぐらいがちょうどよいです。少量でもぐっと深みが出ます。

材料と作り方 2人分

乾燥ひじき…5g
にんじん…3～4cm
厚揚げ…½枚
だし…500mℓ
味噌…大さじ2
砂糖…小さじ1

1 ひじきは水で戻し、長いものは食べやすく切る。にんじんは千切りにする。厚揚げは2等分にして幅1cmに切る。

2 鍋にだしと砂糖、にんじんを入れて中火にかけ、にんじんがやわらかくなるまで6～7分煮る。ひじきと厚揚げを加えてあたためる。

3 味噌を溶き入れ、ひと煮立ちさせる。

味噌汁にむくわが家の常備品

ひじきとにんじんと厚揚げ

皮も使って脱・フードロス 味噌汁で残さず食べきります

お肉を買うとき、豚のロースとか、鶏のむね肉、みたいに部位を選んで買いますよね。私は野菜もお肉みたいに部位を分割して考えることが多いです。たとえば大根なら頭の緑の部分、真ん中の部分、しっぽの部分、皮、葉っぱ。白菜なら外の青い葉と内側のやわらかくて白い葉とか。同じ野菜でもよく見ると部位ごとに見た目も味も違います。それぞれのおいしさを生かす使い方をすると料理のバリエーションも増えるのです。

　野菜の皮は、一番うまみや香りが詰まっていることも多く、汁物だとその魅力を生かすことができます。むいた皮を軽く干すと味が濃くなります。少なめの油で炒めてからだしを加えると、お日様を感じる野趣あふれた味噌汁のできあがり。

　フードロスを出さないだけでなく、おいしさでやってほしい味噌汁です。

干し野菜

材料と作り方 2人分

野菜皮や切れ端、葉など（大根、にんじん、かぶなど）…適量

ごま油…大さじ½

だし…500mℓ

味噌…大さじ2

1　野菜は洗って水気を切り、ザルに広げて半日から1日陰干しする。ひとつかみ(60〜70g)を食べやすい大きさに切る。

2　鍋にごま油をひき、干し野菜を中火で2〜3分炒める。

3　だしを加えて5〜6分煮たら、味噌を溶いてひと煮立ちさせる。

※野菜は基本的になんでも使えますが、ゴーヤなど苦みのあるもの、オクラなどとろみのあるものは避けるのがベターです。ヘタや固い茎、たまねぎの皮など食べられない部分は味噌を加える前に取り除きます。

これだけでおかずになる ボリューム味噌汁

家を出てすっかり独立した息子ですが、何を食べているのかは、やっぱり気になります。料理はある程度できるようにして家を出したものの、ひとり暮らしだとおかずを何品も作る、という感じでもなさそうです。

　自分のために作るのは、人のためにごはんを作るのとはまた別の大変さがあります。とにかく、味噌汁だけでも日々食べてくれるといいな。野菜をたっぷり入れた味噌汁さえ食べていれば、あとはコンビニのお弁当でもいいんじゃないかと思っています。

　ちゃんと食べてる？というこちらから送る息子へのLINEに、返事はありません。家の食事のために具がぎっしりのボリューム味噌汁を作りながら、メッセージと同じようにこういう味噌汁を送れたらいいのにと、ありえないことを妄想しています。

材料と作り方　2人分

ブロッコリー…大½個
厚揚げ…½枚
合いびき肉…80g
だし…600mℓ
味噌…大さじ2
砂糖…小さじ2

1　ブロッコリーは小房に分け、茎も食べやすく切る。厚揚げは2cmの角切りにする。

2　鍋にブロッコリーを入れて平らにし、その上にひき肉を散らしてのせ、だし100mℓを加えてふたをしっかりし、5分ほど中火で蒸し煮にする。ふたをあけてひき肉の色が変わっていたら、残りのだしと砂糖、厚揚げを加えてさらに2〜3分煮る。

3　味噌を溶き入れ、ひと煮立ちさせる。好みですりごまなどをかけてもおいしい。

ブロッコリーと厚揚げとひき肉

刺身パックで寿司屋みたいな味噌汁ができちゃった

寿司屋に行ったとき、味噌汁を頼みますか?私は必ず注文します。魚の切り落としやえびの頭などでしっかりとった魚介のだしがたまりません。

この味噌汁は、家ではマネしにくいのです。たまにアジをさばいたときに骨や頭で味噌汁を作るのですが、どうにもやっぱり寿司屋の味噌汁の感じとは違います。

ある日、まぐろの中落ち、ねぎとろにするたたき身を買ってきたのに急用で料理できず、食べられなかったことがありました。翌日、さすがに生で食べるのは抵抗があり、ふと味噌汁に入れてみました。見た目はひき肉みたいです。でも、お椀によそって刻みねぎを散らしたら、魚のうまみがしっかり汁に出て、寿司屋の味噌汁にずいぶん近くて嬉しくなりました。

ごはんやお酒がすすみそうなひと椀になって、それ以来、たまに作っています。

材料と作り方 2人分

まぐろ中落ちたたき身…小1パック(100g)
長ねぎみじん切り…⅓本分
昆布…5㎝
水…400㎖
味噌…大さじ2
七味唐辛子…適量

1 まぐろは、パックに水100㎖(分量外)ほど加えてゆるめる。

2 鍋に水と昆布を入れて中火にかけ、沸騰したら昆布を取りだし味噌を溶く。

3 1のまぐろを流し入れ、色が変わったら火を止めて長ねぎを加える。好みで七味唐辛子をふる。豆腐を加えてもおいしい。

ねぎとろ用のたたき身で

ねぎとろ

はじめましての食材も味噌汁ならすぐ取り入れられる

毎日の料理に使う野菜は、冒険をしないことが多いのではないでしょうか。つまり、使ったことのない野菜が結構あるはずです。

　私も料理をはじめたころ、実家であまり食べることのなかったズッキーニやゴーヤに気後れしていました。でも、それではいつまでも食べられません。食いしん坊ゆえにあきらめきれず、ひとまず買って帰ってから、母に電話して食べ方を聞いたり、本で調べて料理していました。

　今なら、なーんだ、味噌汁へ入れればよかったんだと思えます。味噌汁はとりあえず刻んで入れると、なんでも受け止めてくれます。食べ方が難しそうなふきのとうも豆腐の味噌汁に刻んで入れただけで十分おいしくて、味噌汁の懐の深さを感じました。

　食べ慣れれば、次はこうして食べようとアイデアもわいてくるものです。

材料と作り方 2人分

豆腐（絹ごし）…100g
ふきのとう…2個
だし…400mℓ
味噌…大さじ2

1　豆腐は2cmの角切りにする。

2　鍋にだしを入れて中火にかけ、沸騰したら豆腐を入れてあたためる。

3　味噌を溶いてひと煮立ちさせたら火を止める。ふきのとうを刻んで加え、余熱で火を通す。

豆腐と
ふきのとう

ご当地味噌汁の小さなストーリーを探して

福井県には「呉汁《ごじる》」という、大豆をすりつぶした粉を入れた味噌汁があります。福井に旅したとき、現地のお家で、呉汁について教えてもらいました。

　その地域では「豆汁《まめじる》」と呼んでいるそうで「昔はすり鉢で大豆をするところからやるので大変だったけれど、今はフードプロセッサーやひいた豆の粉が売っているからラクなのよ」とお母さん。ふわーっと泡が沸いてきたら、絶対かき混ぜないで、吹きこぼれる直前で火を止めるのだそう。

　実はこの呉汁、全国各地に同じ名前で似たような汁があります。福井では歴史的に仏教と深い結びつきがあって、報恩講（ほうおんこう）というイベントのときに食べる精進料理として根づいています。その土地のストーリーと一緒に残る郷土汁、もっと知りたいなと思いながら、豆の香りの味噌汁を楽しんでいます。

材料と作り方　2人分

大豆の粉…35g
だし…450㎖
味噌…大さじ2
長ねぎ…少々

1　鍋に大豆の粉とだし、味噌を加え、ブレンダーか泡立て器で泡立てる。

2　1を中弱火にかけ、ゆっくり沸騰させる。鍋はかき混ぜない。

3　沸騰して泡がふわっと浮いてきたら火を止める。泡を消さないようにそっと盛りつける。薄切りにした長ねぎをのせる。

大豆をひいた粉はネットで買えます

福井の豆汁

日本全国 ご当地味噌汁

**各地で食べられている味噌汁や味噌を使った汁物などを
都道府県別にピックアップ。あなたの地元にはどんな味噌汁がある？**

都道府県名	味噌汁名	主な具材
北海道	てっぽう汁	かに、長ねぎ、豆腐
青森県	じゃっぱ汁	鱈、大根、にんじん、長ねぎ
岩手県	どんこ汁	どんこ、大根、にんじん、豆腐、じゃがいも、長ねぎ
宮城県	仙台麩の味噌汁	仙台麩
秋田県	だだみ汁	鱈の白子、白菜、大根
山形県	納豆汁	納豆
福島県	紅葉汁	鮭、大根、にんじん、里いも、長ねぎ、こんにゃく
茨城県	あんこうのどぶ汁	あんこう、大根、にんじん、長ねぎ
栃木県	ちたけ汁	ちたけ（乳茸）
群馬県	こしね汁	こんにゃく、しいたけ、長ねぎ
埼玉県	呉汁	にんじん、里いも、しいたけ、大豆、大根、油揚げ など
千葉県	ふうかし	あさり
東京都	小松菜の味噌汁	小松菜
神奈川県	三浦キャベツ	キャベツ
新潟県	わっぱ汁	魚介類、海藻、長ねぎ
富山県	三日の団子汁	もち粉の団子、ずいき
石川県	いとこ汁	小豆、豆腐、根菜類
福井県	呉汁	大豆粉、長ねぎ
山梨県	ほうとう	ほうとう、さやいんげん、かぼちゃ、たまねぎ など
長野県	たけのこ汁	たけのこ、鯖、たまねぎ、豆腐、たまご
岐阜県	鯉汁	鯉、砂糖
静岡県	がわ	鰹、たまねぎ、きゅうり、青じそ、しょうが、梅干し
愛知県	赤だし味噌汁	いろいろ（豆味噌の赤だしを使用する）
三重県	盆汁	大豆、ごぼう、にんじん、なす、かぼちゃ、油揚げ など

都道府県名	味噌汁名	主な具材
滋賀県	泥亀汁	なす、ごま
京都府	白味噌の雑煮	丸もち、頭いも、大根
大阪府	なすびとたまねぎの味噌汁	なす、たまねぎ
兵庫県	ちょぼ汁	もち粉の団子、ささげ豆、ずいき
奈良県	大和の雑煮	丸もち、大根、金時にんじん、里いも など
和歌山県	高野豆腐の味噌汁	高野豆腐
鳥取県	うぐいのじゃぶ	うぐい、豆腐、ごぼう、にんじん、長ねぎ
島根県	こくしょう汁	豆腐、大根、かんぴょう、しいたけ
岡山県	うちご・呉汁	大豆粉を団子にしたもの
広島県	牡蠣の土手鍋	牡蠣、豆腐、しいたけ、春菊、えのきだけ、にんじん など
山口県	お嫁さん団子汁	小麦粉の団子、里いも、にんじん、大根、ごぼう など
徳島県	きゅうりとそうめんの味噌汁	そうめん、きゅうり
香川県	あんもち雑煮	あん入り丸もち、大根、金時にんじん、豆腐
愛媛県	五斗味噌汁	醤油の絞り粕（大豆、糠などを混ぜたものを指すことも）
高知県	鰹の味噌汁	鰹、しょうが
福岡県	わらすぼの味噌汁	わらすぼ（ハゼの仲間）
佐賀県	つんきーだご汁	小麦粉の団子、かぼちゃ、里いも、にんじん など
長崎県	ほしかりの味噌汁	ほしかり（カサゴ）、長ねぎ
熊本県	あんもちだご汁	さつまいもあんの団子、里いも、白菜、大根、長ねぎ
大分県	子育て団子汁	もち粉の団子、ずいき、にんじん、里いも
宮崎県	冷や汁	鯵、豆腐、きゅうり、なす、青じそ、みょうが、麦飯
鹿児島県	さつま汁	鶏肉、干ししいたけ、ごぼう こんにゃく、にんじん など
沖縄県	イナムドゥチ	豚三枚肉、カステラかまぼこ、こんにゃく、干ししいたけ

※諸説あります。

3章

だしと味噌は深い沼です

だしと味噌が決まれば、おいしい味噌汁は約束されたようなもの。最後はどちらも定番に落ち着きますが、ここではわが家のおいしい味噌汁を探し当てるまでに私がやってきた、だしや味噌の組み合わせや味つけのチャレンジをご紹介。マニアックなレシピも盛りだくさんです。

お椀にそっと顆粒だしをしのばせる日

私はあっさり好みで、食材の風味が感じられる薄めの味つけがよいのですが、夫はごはんがすすむようなパンチのある味つけが好き。文句は言われたくない、でも作ったものをだまって食べて！というのも気が引ける。家族と味の好みが違うと、作る側には気苦労が多いものです。

　たとえば、昆布だしの味噌汁はすっきりして私好み。しかし、これだと夫にはうまみが弱いかな？と思うのです。そんなときは顆粒のだしの素をほんのひとつまみ、夫のお椀にだけ入れてから、味噌汁をよそうのです。ほんの少量でもうまみをブーストさせてくれる、顆粒だしの力をこっそり借りて夫の舌に合わせます。

　もちろん、そんな話は食卓ではしません。同じものを食べているような涼しい顔で、味噌汁をすすります。夫婦どちらも満足、よいと思いませんか。

材料と作り方 2人分

- なす…2本
- 青じそ…3〜4枚
- ごま油…大さじ1
- だし（昆布）…500mℓ
- 顆粒だし…ひとつまみ（お好みで）
- 味噌…大さじ2

1 なすはヘタを取り、3㎝の筒切りにする。

2 鍋にごま油を熱してなすを加え、油がなじむまで炒める。だしを注いで4〜5分煮る。

3 味噌を溶き入れ、ひと煮立ちさせる。顆粒だしを入れたお椀によそい、千切りにした青じそをのせる。

炒めなすと青じそ

にんにくとしょうがで利かせるパンチ

うちの夕飯は、だいたいがごはんと味噌汁、それにおかず何品かという一汁○菜みたいなスタイルです。だからといって和食派というわけでもないんです。

1週間の食事をメモしてふりかえってみたら、麻婆豆腐、野菜炒め、ハンバーグ、ポトフ、鮭のソテーと、和食らしいメニューが全くありませんでした。ひじきや切

チリチリしょうがと大根

材料と作り方 2人分

しょうが…20g
大根…4〜5㎝
サラダ油…大さじ1
だし…500㎖
味噌…大さじ2

1 しょうがは薄切りにしてサラダ油を熱したフライパンの中に入れて弱火で端がチリチリしてくるまでゆっくり加熱し、キッチンペーパーなどに上げておく。

2 大根は皮をむき、薄い半月切りにする。鍋にだしと一緒に入れて、やわらかくなるまで7〜8分煮る。

3 味噌を溶き入れ、ひと煮立ちさせたら1のしょうがを加える。

り干し大根も、洋風のサラダやマリネなどにしています。冷ややっこやお刺身なんかにも、ごま油やラー油をかけて食べているのですから、すでに和食の概念も変わっているのでしょう。何かしら「パンチ」がないと物足りないのかもしれません。

味噌汁でいえば、にんにくやしょうがを入れると、ガツンとした味わいに。

汁の雰囲気はずいぶん変わりますが、抵抗感はありません。しょうがをチリチリに焼いて入れると、ふわっと不思議な香りが。本当にどこの国の料理かわからなくなりますが、とてもおいしいものです。

キャベツとコーンとにんにく

材料と作り方 2人分

キャベツの葉…1〜2枚
コーン（冷凍または缶詰）
…大さじ3
にんにく…1片
だし…500mℓ
味噌…大さじ2

1 にんにくは皮をむいて薄切り、キャベツはざく切りにする。

2 鍋にだしを入れて中火にかけ、沸騰したらキャベツ、にんにく、コーンを加えて4〜5分煮る。

3 味噌を溶き入れ、ひと煮立ちさせる。

白味噌、豆味噌、麹味噌。日本の味噌を旅しよう

お正月になると、赤坂の虎屋菓寮に期間限定の白味噌雑煮が出ます。はじめて食べたとき、それまで理解できなかった白味噌の魅力に気づきました。汁はとろりと濃厚で甘く、まるで味噌のポタージュです。白味噌は塩分量が少ないので、信じられないほどたっぷり使っているようでした。

仕事柄、さまざまな味噌を使います。ちょっとクセがある東海地方の豆味噌や、麹を多めに配合してうまみの量を増やした東北の麹味噌など。味噌が変わると、合う素材も使い方も変わります。

白味噌で味噌汁を作るときは、いつもの味噌を混ぜると食べやすいです。相性がよいのは、かぶやにんじん、キャベツなど、甘みのある食材。ふんわりした油揚げを合わせると、マイルドでやさしい味噌汁に仕上がります。

材料と作り方 2人分

- かぶ…中2個または大1個
- かぶの葉…少々
- 油揚げ…½枚
- だし…500mℓ
- 味噌…大さじ3（白味噌大さじ2・赤味噌大さじ1）

1 かぶは皮をむいてくし形切りにする。かぶの葉はみじん切り。油揚げは半分に切ってから1cm幅に切る。

2 鍋にだしを入れて中火にかけ、沸騰したらかぶを入れて8〜9分、串がスッと通るまで煮る。油揚げとかぶの葉も加える。

3 味噌を溶き入れ、ひと煮立ちさせる。

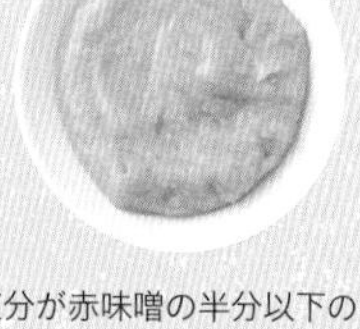

白味噌

塩分が赤味噌の半分以下のこともある。塩分を確認してブレンドを。

白味噌

かぶと油揚げ

豆味噌 しじみの赤だし

材料と作り方 2人分

しじみ…150g
だし…500mℓ
味噌（赤だし用）※
…大さじ2
長ねぎ…少々

※自分で合わせるなら
豆味噌1：米味噌1

1 しじみは砂抜きをしてから、こするように洗ってザルに上げる。

2 鍋にだしとしじみを入れて中火にかける。

3 しじみの口が開いたら、味噌を溶き入れひと煮立ちさせる。薄切りにした長ねぎをのせる

豆味噌

しじみ汁やなめこ汁など、いわゆる赤だしの味噌汁に。豆味噌は溶けにくくクセも強いので、米味噌とブレンドした赤だし用の味噌がおすすめ。

麹味噌 長いもといろいろ野菜

材料と作り方 2人分

長いも…4㎝
長ねぎ…⅓本
にんじん…3㎝
小松菜…2株
だし…500㎖
味噌(麹味噌)
…大さじ2

1 にんじんと長いもは皮をむいて半月切りにする。小松菜はざく切り。長ねぎは斜め薄切りにする。

2 鍋にだしとにんじんを入れて煮立て、5分ほど煮たら、長いも、長ねぎ、小松菜を加えてさらに3〜4分煮る。

3 味噌を加えてひと煮立ちさせる。

麹味噌

米味噌の中でも、麹の配合割合が多い味噌。うまみと甘みが強いので、具はあっさりした野菜や豆腐などが合う。

味噌がちょっと足りなかった さあ、どうする？

まだあると思っていた味噌のストック、切らしていた！ということがまれに起こります。とくに、容器に残った味噌を根こそぎゴムベラでさらって鍋に入れてから、もうちょっと足そうとして、買い置きがなかったときは悲惨です。いまさらお吸い物に変えるわけにもいきません。

少し足りないだけなら、醤油で味を足してごまかします。ごまかすといっても、醤油にもうまみがちゃんとあるので、すっきり系の味噌汁になるというだけ。

まだだいぶ足りない……というときは、私はキムチの残りなんかを入れてしまうことがあります。うま辛の味噌汁になって、豆腐やわかめなどの定番味噌汁にもぴったり。

要するに、味噌の持つ塩味とうまみがうまく足せればいいんですよね。これも味噌汁の懐の深さです。

材料と作り方 2人分

- **わかめ…20g**
  （乾燥の場合は小さじ２）
- **キムチ…40g**
- **青ねぎ…2〜３本**
- **だし…400mℓ**
- **味噌…大さじ１**
- **醤油…少々**

1 わかめは食べやすい大きさに切る。鍋にだしを入れ中火にかけ、沸騰したら味噌を溶く。

2 キムチとわかめを加えて、味を見ながら醤油を足す。

3 ひと煮立ちさせる。小口切りにした青ねぎを散らす。

わかめと キムチと青ねぎ

だしをちゃんととらなくても味噌汁は成り立つのです

スープ作家になったころ、かつお節の産地である鹿児島県の枕崎で、生産現場を見学させてもらったことがあります。夏も冬も立ちっぱなしで魚をさばき、ゆでて、いぶして、削って、カビつけをして干して…。気の遠くなるような手間ひまをかけた工程を経てできたかつお節をカチンと割った断面が、はっとするほど美しいルビー色だったのが忘れられません。

そのとき知ったのが、かつお節と味噌を湯呑みに入れ、熱湯を注いで溶かしただけの「茶節」と呼ばれる飲みもの。つまり味噌湯です。かつお節にはアミノ酸が含まれていて疲労回復に効く、漁師たちのスタミナドリンクなのだと教わりました。もちろんかつお節も具として食べてしまいます。

だしと聞くと難しく考えがちですが、かつお節も味噌もそれだけで十分おいしいもの。これだけで立派な味噌汁です。

材料と作り方 1人分

かつお節…3～4g（小パック1袋）

湯…150㎖

味噌…大さじ1

長ねぎ薄切り…少々

1 カップやお椀に味噌、かつお節、長ねぎを入れる。

2 熱い湯を注ぎ、味噌を溶く。

味噌湯

ぽとんと落とすバターの誘惑と とろける罪悪感

　子どものころ、バタートーストが大好きでした。ぜいたくなものですから、あまりたくさん塗ると怒られるのですが、バターが食べたくて、親の目を盗んでパンの耳までしっかり塗っていました。

　大人になって、オリーブ油のほうが体にいいと聞いてからも、やっぱり私はバターが好きです。トマトにバターをのせてトースターで焼いたり、鮭ごはんにのせたりと、今ならもう誰にも怒られないので存分に使えます。

　味噌汁にもバターをひとかけら。なんとなく札幌ラーメンからの連想ですが、コーンやもやし、じゃがいもなどが相性がよいようです。バターは鍋に直接入れてはダメで、やっぱり食べるときにぽとんと、お椀に落としたい。かすかな罪悪感と一緒に黄色いバターが溶けゆくさまを楽しむのが王道ではないでしょうか。黒こしょうがベストマッチです。

材料と作り方 2人分

じゃがいも…中2個
だし…600mℓ
味噌…大さじ2
バター…小さじ2
黒こしょう…少々

1　じゃがいもは皮をむいて4つ割りにする。

2　鍋にだしとじゃがいもを入れ、ふたをして中火で15分ほど、じゃがいもがやわらかくなるまで煮る。

3　味噌を溶き入れ、ひと煮立ちさせる。お椀によそい、バターをのせ、黒こしょうをふる。

じゃがバター

ごはんがすすむ！ちょっぴり中華風の味噌汁

得意料理は何ですか？と聞かれて答えてみたところ、麻婆豆腐、餃子、シュウマイ、ホイコーローや炒飯と、中華料理の名前ばかりが出てきました。

　そういえば特に名前のついていない野菜炒めや和え物を作るときでも、ちょっとだけごま油を加えたり片栗粉でとろみをつけたりして、中華風に仕上げることが圧倒的に多いのです。ごはんがすすんでボリュームがあり、手軽に肉と野菜を一度にとれるのが中華料理のいいところ。何より家族が喜ぶ味だから日本人の食卓にも定着するのでしょう。

　そういえば、昔は餃子のたれぐらいにしか使っていなかったラー油も、最近はいろいろな料理に使うようになりました。味噌汁にも何気なく落としています。舌がだんだん大陸風になってきたのかもしれません。

材料と作り方　2人分

もやし…½袋
だし…450mℓ
味噌…大さじ2
ラー油…少々

1　鍋にだしを入れて中火にかけ、沸騰したらもやしを加えて1〜2分煮る。

2　味噌を溶き入れ、ひと煮立ちさせる。ラー油を加える。

もやしラー油

なぜかしっくり砂糖やカレーの組み合わせ

年のせいでしょうか、最近思い込みが強くなってきました。電車の乗り換えで逆方向の車両に乗ってしまったりして、へこみます。でも、思い込みというのは気づかないから思い込みなので、自分ではどうにもなりません。

　習慣でやっていることほど思い込みの罠にはまっていくもので、家で作る味噌汁など、思い込みの

ひき肉と大根皮

材料と作り方　2人分

豚ひき肉…60g
大根の皮…80g
大根の葉(あれば)…少々
昆布…5㎝
水…500㎖
味噌…大さじ2
砂糖…小さじ1

1　大根の皮は1㎝の幅に切る(できればザルに広げて1日干すとおいしい)。

2　鍋にひき肉を入れ、水で溶く。昆布と大根皮も加えて煮立てる。昆布を取りだしてアクをすくい、砂糖を加えて6～7分、大根がやわらかくなるまで煮る。

3　みじん切りにした大根の葉を入れ、味噌を溶き入れ、ひと煮立ちさせる。

かたまりです。だしはこれ、味噌はこれ、具はこれと、もはや頭で考えずに作るので、そこから逃れることは簡単ではありません。

味噌汁に砂糖を入れる、カレー粉を入れる、というと驚かれますが、よく考えると麻婆なすは砂糖と味噌で味つけするし、カレーの隠し味にちょっぴり味噌を入れても違和感はないはず。味の相性は思うほど悪くないのです。

毎日の味噌汁はマンネリでも全く問題ないと思っています。ただ、普通においしいものを自分の思い込みが邪魔しているのだとしたら、もったいない。料理では、たまにはわざと反対方向の電車に乗ってみてはどうでしょうか。

ゴーヤカレー

材料と作り方　2人分

ゴーヤ…½本
たまご…2個
ごま油…大さじ½
だし…500mℓ
味噌…大さじ2
カレー粉…小さじ1〜2
かつお節…適量

1　ゴーヤはタテ半分に切って種をスプーンでとり、薄切りにする。

2　鍋にごま油をひいて熱し、ゴーヤを炒める。だしを加えて5〜6分煮る。味噌を溶き入れ、カレー粉も加えて混ぜる。

3　たまごを割り入れ、4〜5分煮込む。お椀によそって好みでかつお節をのせる。

※ゴーヤの苦みが気になる方は、切った後、ゆがいてから使ってください。

ふたつの甘酒

桃の節句、白酒の代わりに母が作っていたのが、酒粕の甘酒でした。酒粕をお湯でゆるめてのばし、砂糖を加えたものです。クセのある酒粕のにおいと強すぎる甘味は子どもの舌には合わず、長く敬遠してきました（酒粕を使うので本来子どもはNGです。50年近く昔の話ですのでご勘弁を）。

何十年もたって出会ったのが、近年の甘酒ブームで注目された、麹から作った甘酒です。こちらは酒粕の甘酒とは違い、やさしい味わい。料理にも使いやすく、ふと味噌汁に入れてみたら、まろやかになって、まるで白味噌の味噌汁みたい、と嬉しくなりました。

麹の甘酒が好きになった後、ずっと敬遠していた酒粕の甘酒を飲んでみたら、大人になった舌にはこれもおいしい。甘酒に罪はなかったなと、母が手渡してくれた甘酒の湯呑みを懐かしく思い返しました。

材料と作り方 2人分

小松菜…3株
豚バラ肉薄切り…80g
だし…400mℓ
味噌…大さじ2
甘酒…100mℓ

1 小松菜と豚肉は4㎝幅に切る。

2 鍋にだしを入れて中火にかけ、沸騰したら豚肉と小松菜を入れて5～6分煮る。

3 味噌を溶き入れ、甘酒も加えてひと煮立ちさせる。

小松菜と豚と甘酒

豆腐、豆乳、味噌。大豆3兄弟のやさしい味噌汁

　父の小学校時代の同級生が豆腐屋で、私が実家にいるころは豆腐を配達してもらっていました。毎週水曜になると、一斗缶に入ったできたての豆腐が届きます。届いた日は湯豆腐や鍋でたっぷり食べ、そのあとは揚げ出し豆腐やステーキ、冷ややっこなど、豆腐三昧でした。

　ある朝、まだ暗いうちから早起きして、母や妹、弟たちとその豆腐屋さんに出かけたことがあります。湯気の立ち込める店の中で大きな桶からすくって食べさせてもらった温かい豆腐。そして、はじめて飲んだ、ほんのり甘い豆乳が鮮烈でした。味のあるようなないような、それまで飲んだことのあるものに何も似ていないと思いました。

　豆乳と豆腐を一緒に味噌汁にするのはだいぶ後になって私が考えたのですが、やさしい大豆の風味たっぷりでおいしいものです。

材料と作り方　2人分

豆腐（絹ごし）…**150g**
豆乳…**400㎖**
味噌…**大さじ2**
青ねぎ…**少々**

1　鍋に豆乳を入れ、豆腐を手で大きく割り入れ、火にかける。

2　弱火で吹きこぼさないように気をつけながら、豆腐をあたためる。

3　味噌を溶き入れる。小口切りにした青ねぎを散らす。

豆腐と豆乳

ミネストローネはイタリアの味噌汁だ なんて言いますが

行ってみたい国は？と聞かれたら、やっぱりイタリアです。学生時代に2週間ほど旅したことがあります。お金もなくて、スーパーで買ったパンとチーズをかじりながら町を歩きました。1回だけ高級そうなレストランに入ったら、緊張するし高くて頼める料理もなくて、散々でした。

そのイタリアでスープといえばミネストローネ。ありあわせの野菜を刻んで煮込んだ、マンマのスープです。地域ごとに違うのは、その土地の食材を使うから。経済的に無理なく栄養を満たし、家族をほっとさせてくれる。日常の料理という意味で味噌汁と通ずるものがあります。

ここで紹介するミネストローネ味噌汁は作ってみたら意外なおいしさでした。ミネストローネの残りに水を少し足して味噌を溶くだけでもいいと思います。

材料と作り方 2人分

- たまねぎ…½個
- にんじん…⅓本
- キャベツの葉…1枚
- トマト…½個
- マッシュルーム…3個
- ベーコン…1枚
- オリーブ油…大さじ1
- 水…500㎖
- 味噌…大さじ2
- 粉チーズ…適量

1 たまねぎ、にんじん、マッシュルームは1㎝、キャベツは2～3㎝の角切りにする。トマトはざく切り、ベーコンは1㎝幅に切る。

2 鍋にオリーブ油を中火で熱し、たまねぎ、にんじん、マッシュルーム、キャベツ、トマトの順に炒め、ベーコンと水を加えて10分ほど煮込む。

3 味噌を溶き入れ、ひと煮立ちさせる。好みで粉チーズをふる。

ミネストローネ味噌汁

塩分が気になるときはこんなふうに考えてみよう

　汁物の塩分を減らすには、という質問をよく受けます。やれることはたくさんあるのですが、まずはだしをしっかりとること。うまみがたっぷりあると、塩分が少なくてもおいしく感じるからです。肉や油のうまみやコクを利用するのもひとつの手だと思います。

　香りの要素も、満足度につながります。ねぎ、みょうが、ゆずなどの薬味をたっぷり使うと、薄い味噌汁でも風味豊かに感じます。

　味噌のタイプでいうと、麹の歩合が多めの「麹味噌」は同じ塩分でもうまみが高いのでおすすめ。最近売れている減塩味噌も、やっぱり麹多めの配合でした。そうそう、甘酒や酒粕、豆乳などのまろやかさを足すのもいいものです。

　減塩というと汁物がやり玉にあがりがちですが、スープ作家としてはボリュームのあるおかず汁にして、他の皿を減らせば十分減塩できると思っています。

材料と作り方 2人分

鶏ひき肉…100g
もやし…½袋
たまねぎ…½個
だし…450mℓ
味噌…大さじ2
酒粕…100g
七味唐辛子…適量

1 たまねぎは1cm幅に切る。酒粕は少量の湯(分量外)につけてふやかしておく。

2 鍋にたまねぎともやしを広げて入れ、平らにした上にひき肉をスプーンですくって、くっつかないようぽとぽと落としていく。水100mℓ(分量外)を加えてふたをして中火にかける。

3 肉の色が変わったら、だしを加えてさらに5～6分煮る。味噌と酒粕を溶き入れ、ひと煮立ちさせる。好みで七味唐辛子をふる。

ぽとぽと鶏団子と もやしと たまねぎの粕汁

かつお節や昆布だけじゃない いつもと違う鶏ガラスープで

人の印象は、服やアクセサリーを変えるより、髪の色を変えたほうががらりと変わりますよね。それと同じで、味噌汁もいつもと全く変えてみたいなと思ったら、具よりだしを変えるとダイナミックに変化が感じられます。

私は鶏のスープが大好きで、よく作ります。手羽先や鶏ガラを水で煮出すだけ。残ったスープは保存容器に入れて冷蔵庫か冷凍庫にしまっておき、使うときは水を足してあたためます。

鶏のだしで作る雑炊は繊細でリッチ、うどんつゆにすると肉なしでも大満足です。

そして当然、味噌で味つけするのもありで、コクのあるしっかりした味噌汁ができあがります。はるさめを入れるのは、だしを余さず味わいたいという気持ちの表れ。ぜいたくだけれど、たまに食べたい味噌汁です。

材料と作り方 2人分

豆苗…½パック
はるさめ…40g
鶏スープ…400㎖
味噌…大さじ2
ラー油…適量

※だしは鶏の手羽先や鶏ガラでとったもの。市販の鶏ガラスープの場合は、塩分があるので味噌で調節する。

1 豆苗は根を落とし、3等分に切る。

2 鍋に鶏スープをあたため、はるさめを戻さずに加えて3分煮る。

3 豆苗も加え、味噌を溶き入れ、ひと煮立ちさせる。好みでラー油を加える。

鶏だしの豆苗とはるさめ

コラム 2

「マイだし」を選ぼう

味噌汁は毎日のものだから、だしも使い勝手を最優先で。
自分が無理なく続けられる「マイだし」はいったいどれ?
それぞれの特徴と買い方・使い方のポイントを紹介。

だしを手軽にとりたい人は

手軽さ第一なら 顆粒だし

粉末のだしの素。天然素材のように味にばらつきが少なく、安定しているのが嬉しい。

[買い方]かつおや煮干しなど、好みの素材でどれを選んでも大丈夫です。

[使い方]ほとんどの顆粒だしには塩分が入っているため、味噌の量に気をつけて。強いうまみなので入れすぎにも注意！私は500mℓの湯に対して小さじ½ほどで使っています。

ブレンドだしを楽しみたい だしパック

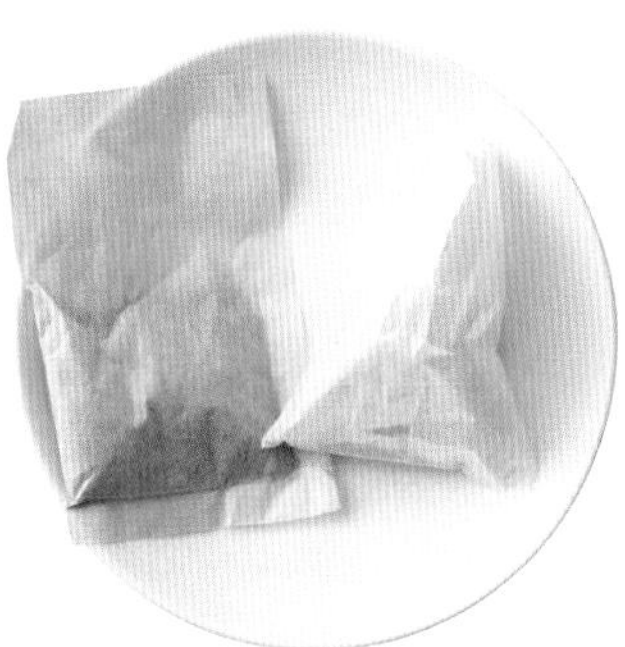

ポンと入れるだけのだしパック。メーカーがブレンドしてくれているので、好みのものが見つかれば優勝です。必ず裏面の原材料表示を見て買うこと。

[買い方]大きく分けて①調味料やうまみ成分が添加されていない、天然だしタイプ②調味料やうまみ成分が添加されたタイプのふたつがあります。

[使い方]添加タイプでお吸い物のように味がしっかりついているものは、味噌汁には薄めて使う必要があります。

天然だしにこだわりたい人は

気取らない日常だし

昆布/煮干し

私が毎日使っているのが煮干しと昆布。それぞれ単独でも使え、両方合わせるとさらにおいしく。

[買い方] 煮干しは黄色く酸化していないもの。6〜9㎝のサイズが使いやすいです。昆布は「だし昆布」とあるものならOK。

[使い方] 煮干しも昆布も水から煮出します。煮干しはそのまま入れっぱなしで具として食べられます。昆布は取りだすのが基本ですが、私は切手サイズぐらいに切ってこちらも具にして食べてしまいます。

本格だしを目指そう

かつお節

かつお節は細かくみると、部位や工程でさまざまな種類が。でも普段使いの味噌汁なら、薄削りと厚削りでだしのとり方が違うことを覚えておけば、どれを使っても問題なしです。

[買い方] 酸化しやすいので、たくさん使わない人は、小分けパックを買うのも手。大きな袋で買った場合は冷凍保存を。

[使い方] 薄削り（花がつお）は、沸かした湯に入れると短時間ですっきりした品のよいだしがとれます。一方、厚削りは、水から煮出します。薄削りよりしっかりした味わいのだしがとれます。

簡単で体にもいい

だし粉

見た目は顆粒だしに似ていますが、非加熱で作られているので、香りの高さがあります。すぐにだしが出るので、顆粒だし並みの便利さです。素材の栄養もまるごととれます。

[買い方] 煮干し粉（いわし粉）や、かつお粉などさまざま。好みで選んでください。

[使い方] そのまま使えて取りだす必要はありません。完全には溶けないので、ザラつきがあります。

1 秋田味噌

【秋田県】

米どころで麹屋が多い秋田。味噌も麹の割合が高めで、うまみが強い。

使ってみました!

秋田県・横手には麹屋が密集しています。豆の3倍の米麹を使ったという味噌を試したら、うまみたっぷり!お気に入りに。

2 仙台味噌

【宮城県】

伊達政宗が造らせたともいわれる、赤色の辛口味噌。長期熟成のため、色が濃い。

3 越後味噌

【新潟県】

味噌汁に米麹が浮き上がる「浮麹（うきこうじ）」が特長。米の甘みが活かされた味噌。

4 信州味噌

【長野県】

全国シェア1位の、淡い黄色の辛口米味噌。色の淡さは速醸という短期熟成のため。

5 江戸甘味噌

【東京都】

米麹たっぷりの赤褐色の甘口味噌。保存性は低い。

使ってみました!

色が濃い江戸甘味噌。辛口かと思いきや、塩分少なめ。味噌汁にはいつも使っている味噌と合わせて。

6 甲州味噌

【山梨県】

米麹と麦麹を合わせた珍しい味噌。バランスがよい。

使ってみました!

米麹と麦麹をミックスした甲州味噌。両方の長所を生かしながらクセもなく、普段使いに最高。

7 八丁味噌

【愛知県】

豆麹で造られる、東海地方の豆味噌の代表。独特の風味があり煮込みに適している。

使ってみました!

難しい八丁味噌の使い方、地元の人にコツを聞きました。だしはしっかり、味噌は煮込む。これでおいしい赤だし味噌汁作りに成功!

全国味噌マップ

**長い歴史を持つ味噌は全国で作られ、個性もさまざまです。

旅に出たときに、ご当地味噌を買ってくるのも楽しみのひとつ。

私の体験も交えつつ、各地の味噌を少しずつご紹介します。**

[味噌購入量ランキング]

1位 ▶ 新潟県(新潟市)
2位 ▶ 山形県(山形市)
3位 ▶ 岩手県(盛岡市)

東北や北陸など北の都市が3トップに。1位の新潟は米どころだけに味噌汁は必須かも。海外でも人気が出てきた味噌ですが、残念ながら国内での味噌の消費量は少しずつ落ちています。

総務省統計局 家計調査（2020〜2022年平均）

[味噌出荷量ランキング]

1位 ▶ 長野県
2位 ▶ 群馬県
3位 ▶ 愛知県

1位は信州味噌を生産する長野県、豆味噌文化を担う愛知県が順当にランクイン。群馬県は古くから大豆の産地で発酵にも適したことから味噌文化が発達しています。

経済産業省 工業統計調査（2020年確報）

8 西京味噌

【京都府】

関西地区で造られる白味噌。短期熟成で甘みが強い。正月の雑煮に使うのが有名。


使ってみました!

京都のあまーい白味噌。ぜいたくに量を使えばまるで味噌ポタージュみたい。ハレの味噌汁ですね。

9 瀬戸内麦味噌

【山口県など】

瀬戸内地方で造られる麦味噌。淡い色で辛口。麦麹の割合が多く、風味豊か。


使ってみました!

山口県で150年続く光浦醸造の味噌は、さわやかな麦の香りと自然な甘み。野菜などあっさり系の味噌汁が向くなと思いました。

10 九州麦味噌

【大分県など】

九州全般で造られる甘口の麦味噌。麦麹のため繊維やミネラル分が多い。


使ってみました!

プチプチした麦が見えかくれする愛らしい麦味噌。母の生まれ故郷は大分。こんな味噌汁だったのかなと思いを馳せます。

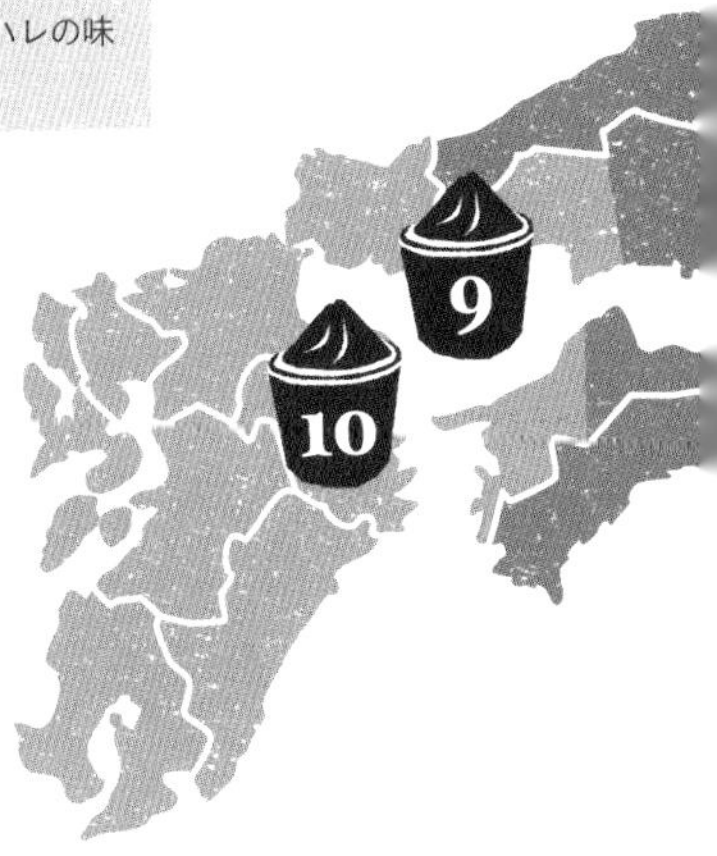

米味噌　麦味噌　豆味噌

4章

あれ？今日ちょっと違うねと言わせたい

いつもと同じような具材なのに、あれ？なんだか雰囲気が違う……。切り方、煮加減、とろみづけなど、ちょっとしたひと工夫をするだけで、マンネリ気味な味噌汁が、目にも舌にも新鮮に。私が日々の中で発見してきた、さまざまな味噌汁の「気づき」をレシピとともにお届けします。

家の中でもアウトドア感覚！ワイルドにちぎって

　春や秋など外が気持ちよい時季、キャンプ場でスープを作る仕事があります。木々の枝葉や、川のせせらぎからほとばしるマイナスイオンを浴びるだけでも癒やされますが、アウトドアでの料理がまた楽しいのです。

　自宅のキッチンとは違って、道具も食材も限られた中で作る料理。洗い物も最小限で済ませたい。そんな制限があるからこそ、新しい味に出会えることもあります。

　普段なら包丁とまな板を使って切る野菜やソーセージを、手でワイルドにちぎって使った味噌汁もそのひとつ。食材の断面に汁がよくしみこんで、切りそろえたものとは違う魅力があります。

　そんなことが案外よくて家でもやるようになりましたし、家にいるときも、これは外ならどうするだろう、とアイデアが広がるようになりました。

材料と作り方 2人分

ピーマン…2個
ソーセージ…3本
だし…500㎖
味噌…大さじ2

1 ピーマンはヘタを手で押し込むようにして種ごと外し、手でちぎる。ソーセージも手で3～4つに割る。

2 鍋にだしとソーセージを入れて中火にかけ、沸騰したらピーマンも加えて3～4分煮る。

3 味噌を溶き入れ、ひと煮立ちさせる。

ちぎりピーマンとソーセージ

冷や汁は夏の楽しみと癒やし

　時代の流れで日本各地にある郷土料理の多くが消えつつあるなか、見直されるようになった料理もあります。宮崎などに代表される「冷や汁」もそのひとつ。本来は魚の干物を割く、味噌を焼くなど、手間のかかる料理です。

　それが缶詰を使ったりする簡易レシピをみかけるようになり、多くの人が冷や汁を気軽に作れるようになりました。

　夏の日、冷蔵庫に冷や汁があると想像してみてください。パリパリと歯触りのよいきゅうり、みょうが、青じその香り。冷たい汁をごはんにかけてサラサラ食べれば、厳しい暑さも食欲がなかったことも一瞬忘れられます。

　何度も作るうちに、缶詰さえ抜いてこんなかたちに行きつきました。もうこうなると郷土料理ではなく自分料理ですね。

　薬味だけは惜しまず添えるのが、有賀流です。

材料と作り方 2人分

豆腐（絹ごし）…150g
きゅうり…1本
みょうが…1個
青じそ…3枚
すり白ごま…大さじ1
だし…600mℓ
（あたたかいものは冷ます）
味噌…大さじ2½
ごはん…適量

1 豆腐はしっかりと水切りをしておく。きゅうりは薄切りにして塩（分量外）をふり5分おいて水が出てきたら、キッチンペーパーなどでぎゅっと絞る。みょうが、青じそは千切りにする。

2 ボウルに手で割った豆腐、きゅうり、ごま、味噌を入れ、だしを少しずつ入れて溶きのばし、みょうが、青じそも加えたら冷蔵庫で最低3時間冷やす。

3 ごはんに**2**をかける。好みでみょうが、青じそ、ごまなどをさらに追加する。

私の冷や汁

大根は気持ち太めの「千六本」で食べごたえ

ピーマンが細くなかったらチンジャオロースーとは呼びにくいし、おでんの大根にみじん切りは似合いません。いちょう切り、ささがき、たんざく切り、あられ切り、かつらむき。和食の切り方のバリエーションの多さには、食材と味への細やかな目線があると思います。

　味噌汁といえば、大根で使われる「千六本」という切り方。千切りよりやや太め、繊維にそってマッチ棒ぐらいの太さです。そもそもマッチ棒自体を最近では見かけないのですが、2~3㎜といったところでしょうか。

　少し太めにすることで食べごたえもあり、汁の具として存在感が出ます。私は千切りと差をつけるため、気持ち太めに切ることが多いです。

　余談ですが、「千六本」って本来は他の野菜には使わず、大根にしか使わない呼び方です。

材料と作り方 2人分

大根…5㎝
水菜…1株
油揚げ…½枚
だし…500㎖
味噌…大さじ2

1 大根は皮をむき、太めの千六本にする。水菜は5㎝幅、油揚げは大根に合わせて細切りにする。

2 鍋にだしと大根を入れて中火で8〜10分煮る。大根がやわらかくなったら水菜と油揚げも加える。

3 味噌を溶き入れ、ひと煮立ちさせる。

サラダには千切り
味噌汁には千六本

大根と水菜と油揚げ

今日もたまねぎ〜？と言わせない魔法の切り方

　たまねぎの味噌汁は、実家では出てこなかったんです。夫が好むので作るようになりました。これは作りやすくておいしいと、すっかり定番化……というより、むしろ作りすぎて新鮮さが薄れてしまいました。

　あるときサラダに使った輪切りのたまねぎが半分残っていたのでこれを味噌汁に使ったら、波紋のような断面のビジュアルやサクサクとした食感が面白く、いつものたまねぎの味噌汁とは全く違う雰囲気に。以来ときどきこんなふうに切っています。

　やわらかい新たまねぎを使ってそっと煮て、もし白味噌があったらいつもの味噌に加えると相性よしです。たまねぎの輪が崩れないよう、豆腐すくいなどで静かに持ち上げて盛りつけ、仕上げにかつお節をパラリ。お客さまに出してもいいぐらいのおしゃれな味噌汁になります。

材料と作り方 2人分

新たまねぎ…中1個
　※お椀に入るサイズ
かつお節…少々
だし…450㎖
味噌…大さじ2〜3
（白味噌1：赤味噌1）

1　たまねぎは皮をむき、横方向に1㎝の輪切りにする。

2　鍋にだしを入れ中火にかけ、沸騰したらたまねぎを崩さないように入れて中弱火でやわらかくなるまで煮る。

3　味噌を溶き入れ、ひと煮立ちさせる。豆腐すくいなどを使ってお椀にたまねぎをそっと移し、汁を張る。かつお節をのせる。

新たまねぎと かつお節

満足度をぐっと上げる味噌汁のオイル使い

「どうやってたくさんのレシピを考えつくのですか?」とよく聞かれます。ひらめくというよりは、単に数を打っているという感じでしょうか。食材や調理法の組み合わせを次々試しているだけです。味噌汁だと、どんな組み合わせでも大きな失敗にはならないのがありがたいところ。

味噌汁の具を油で炒めてみる、などという調理法はどんな野菜でも確実においしくなるのですが、実際やってみると、なすやトマト、菜の花などは、炒めるとぐーんとおいしくなります。

秋冬の食材なら、私が偏愛するごぼうも油と相性よしです。そういえば、きんぴらごぼうも油で炒めますよね。クセのあるごぼうを油がマイルドにしてくれるのでしょうか。難しい理屈はわかりませんが、理由はともかく、食べればきっと笑顔になってもらえると思います。

ごぼうと牛肉の炒め味噌汁

材料と作り方 2人分

ごぼう…⅓本
牛こま切れ肉…80g
ごま油…大さじ½
だし…500mℓ
味噌…大さじ2

1. ごぼうはたわしなどで洗い、ささがきにする。牛肉は食べやすく切る。
2. 鍋にごま油を熱し、牛肉を炒め、色が変わったらごぼうも入れて炒める。だしを加えて6〜7分煮る。
3. 味噌を溶き入れひと煮立ちさせる。

すりおろせば幼い日々を思い出す

京都の河原町に「志る幸」という味噌汁を出す店があります。店の名物は、おとしいもの味噌汁。だしのたっぷり利いた白味噌仕立ての汁に、すりおろした山いもが浮かんでいて、すりごまがパラリ。とりとめなく、ふわふわと、それでいて底からぐっとうまみが押し上げてきます。これ、「おろしいも」ではなく、「おとしいも」という

おとしいも

材料と作り方 2人分

山いも（大和いもまたは長いも）…100g
だし…450㎖
味噌…大さじ2
青のり…適量

1 山いもは皮をむいてすりおろす。大和いもの場合は、水で少しゆるめておく。

2 鍋にだしを入れて中火にかけ、沸騰したら味噌を溶き入れる。

3 1の山いもをスプーンですくって入れ、2分ほど煮たら火を止める。

4 好みで青のりをふる。

言葉に、調理する人から出てきた感性があっていいなと思うのです。

さて、すりおろすという調理は少々めんどうかもしれません。でも、おろすと切るとでは味わいも見た目もダイナミックに変わります。なめらかなおいもをぽとんと汁に落とす、おろした大根が汁にゆっくりほどけていく。ふと、子どものころにやった泥遊びや水遊びの記憶がよみがえってきます。見慣れたものが何か別のものに変わる。私が料理の面白さを感じるのは、こういうときなのです。

できたものがおいしいということは言うまでもありません。小さなお子さんからお年寄りまで幅広く楽しめる味噌汁です。

大根おろしと桜えび

材料と作り方 2人分

大根…5cm
桜えび…小さじ2
だし…400mℓ
味噌…大さじ2

1 大根は皮をむいてすりおろし、水を切り、耐熱容器に入れて600Wのレンジで20秒ほどあたためておく。

2 鍋にだしを入れて中火にかけ、沸騰したら味噌を溶く。

3 1の大根と桜えびをお椀に入れ、2の味噌汁を注ぐ。

サラサラの口あたりが新鮮 みじん切りをお試しあれ

ニラの畑を取材したことがあります。ニラは春先から夏までの間に繰り返し収穫されますが、やはり最初にとれる春のニラが、最もやわらかくておいしいのだそうです。

ニラに限らず、新物の野菜はクセも少なく、半生ぐらいで食べるとおいしいものが結構あります。そういう野菜を使うときに私がよくやるのがみじん切り。細かく切って、できあがる直前に鍋に入れて、15秒から20秒で火を止めます。お椀によそってからも、余熱でどんどん火が通っていきますので、食べる直前に鍋に入れるのがコツ。

お椀からサラサラと口の中に入ってきて、クセの強い野菜というニラのイメージが変わるはず。ピーマン、たまねぎ、なすなども新物のときに同じようにやってみてください。いつもと違うフレッシュな味わいです。

材料と作り方 2人分

- ニラ…½束
- 豚ひき肉…80g
- しょうが…1片
- 水…500㎖
- 味噌…大さじ2

1. ニラは葉の幅と同じサイズに切る。しょうがはみじん切りにする。
2. 鍋にしょうがとひき肉を入れて水で少しずつ溶きのばしてから中火にかける。沸騰したらアクをとり、弱火にする。
3. 味噌を溶き入れ、ひと煮立ちさせたらニラを加え、20秒ほど煮て火を止める。

ニラとひき肉

とろみがあると嬉しさがアップする不思議

人にとっておいしいと思うものは、〝生存にプラスになる〟と脳が判断したものらしいです。最たるものは油や砂糖、適度な塩分、そして肉などのたんぱく質。必要不可欠なものから、おいしさを感じるようにできているのです。

汁の「とろみ」がなぜか嬉しいのも、とろみをつける小麦粉や片栗粉、いも類などのでんぷん質が、人のエネルギーに直結する栄養素だからでしょう。

調理法でいえば、とろみを利用すると食べごたえが出ます。粉ではない、野菜のもつとろみも面白く、えのきやオクラ、モロヘイヤなどは汁にいい感じにとろみをつけてくれるので重宝します。かきたま汁などのとき、こうした野菜を使うと、粉を使う必要がなくてラクちんです。

ボリュームのある汁を食べた満足感は、生きる喜びにつながっているのかもしれませんね。

材料と作り方 2人分

オクラ…1パック
梅干し…1個
だし…400㎖
味噌…大さじ1½
白ごま…少々

1 オクラは洗ってヘタを落としてボウルに入れ、熱湯(分量外)をかけて30秒ほどおいてからザルに上げる。みじん切りにし、包丁でたたいて粘りを出す。梅干しは種をとって小さくちぎる。

2 鍋にだしを入れて中火にかけ、沸騰したら味噌を溶く。

3 オクラと梅干しを入れたら20秒ほどで火を止める。ごまをふる。

たたきオクラにちょっと梅

青菜のベストな加熱時間

ひとくくりに「青菜」といってもいろいろあります。私の中で、青菜は理想の火の通し方でジャンル分けされています。

まずは小松菜、チンゲンサイ、水菜。サッと煮てシャキッと食べても、しっかり煮込んでもどちらも大丈夫な、汁に向いた青菜です。

次に、菜の花やのらぼう菜、空心菜など、短時間で加熱したい青菜たち。味噌汁ならできあがる直前に火を入れています。

香りが高いニラや春菊などは余熱だけで加熱して、フレッシュさを残すのがおいしい青菜。

ほうれんそうはアクが強くてゆでてから使いたい、味噌汁的には少し特殊な青菜といえます。

ちょっとくたっとなってしまってもよいのですが、とりあえずこの程度のざっくりした分類ができていると、ちょうどよい煮え加減の、おいしい青菜の味噌汁が食べられそうです。

材料と作り方 2人分

チンゲンサイ…½株
たまねぎ…¼個
油揚げ…½枚
だし…400mℓ
味噌…大さじ2

1 チンゲンサイは、3㎝幅、油揚げは1㎝幅に切る。たまねぎは薄めのくし形切りにする。

2 鍋にだしを入れて中火にかけ、沸騰したらたまねぎを加えて2～3分煮る。チンゲンサイを加えて2分ほど煮る。油揚げも加える。

3 味噌を溶き入れ、ひと煮立ちさせる。

チンゲンサイとたまねぎと油揚げ

ほっくりか、シャキシャキか、じゃがいもの選択

お肉はジューシー、コロッケはサクサク、パンはふわふわ、えびはぷりぷり。この食べ物はこんな食感、というものがある程度固定されていて、料理もそれを目指すようなところがあります。

でも…。と思うのです。おいしさを表現する言葉に縛られているのでは？

たとえば「ほくほくのおいしさ」と表現されるじゃがいもを、スライサーで細く切ってサッと火を通すと「シャキシャキした食感」で食べられます。サラダにしても味噌汁に入れても、いつものじゃがいもとは全く違って新鮮な味わいが生まれます。「じゃがいもはほくほく」にこだわっていたらできないやり方です。

言葉はときに人の感受性を先回りして限定してしまうもの。作る人がその言葉から自由になると、料理はもっと面白くなるんじゃないでしょうか。

材料と作り方 2人分

じゃがいも…大1個
（メークインなど煮崩れしにくいもの）
パクチー…1株
だし…450mℓ
味噌…大さじ2

1 じゃがいもは皮をむいて、スライサーなどで千切りにする。水を張ったボウルにくぐらせて、ザルに上げておく。パクチーはざく切りにする。

2 鍋にだしを入れて中火にかけ、沸騰したらじゃがいもを加え、3分ほど煮る。

3 味噌を溶き入れ、ひと煮立ちさせたらお椀によそい、パクチーをのせる。

千切りじゃがいもと パクチー

おやつに、夜食に、お湯を注ぐだけのインスタント味噌汁

切り干し大根は保存性があって便利な食材ですが、私にとって一番の問題は、切り干し大根の煮つけが家族に全く受けなかったことです。少なめに作っても結構な量ができてしまって、鉢に山盛りで出すのですが、家族は言い訳程度に箸をつけるだけ。いっこうに減りません。最後は私ひとりが主食のように食べる、というオチが続いて、次第に作るのがおっくうになりました。

仕方なくサラダや和え物に使っていた切り干し大根が日の目をみたのが、カップスープでした。お湯を注いで3分待つだけでちゃんとだしが出て、具としても食べられて、1人分のスープに便利です。味噌を溶けば味噌汁になります。スナック菓子を合わせたのは若い人にも食べてほしいなと思ったから。インスタントラーメンみたいな感覚で食べられる、ヘルシーな一杯です。

材料と作り方 1人分

切り干し大根…大さじ山盛り1
ポテトチップス…適量
湯…200mℓ
味噌…大さじ1

1 カップにサッと洗った切り干し大根と味噌を入れ、熱い湯を注ぐ。お皿やラップでふたをして3分おく。

2 味噌を溶き、ポテトチップスを好みの量のせる。

切り干し大根とポテチ

缶詰屋の娘がサバ缶で味噌汁を作るなら

父が製缶メーカーに勤めていたことから、家にはいつも缶詰がありました。昔、缶詰というのは海外への輸出品として作られていたので、ツナやコンビーフ、ホワイトアスパラなど、日本人の食文化にあまりなじみがないものが多かったのです。

日本人らしい缶詰といえば、サバの味噌煮缶ぐらいだったでしょうか。それでも当時は、味つけが濃すぎてわが家ではあまり食卓にのぼりませんでした。

そのサバの缶詰が、ここ10年ほどは大人気です。ボリュームがあってメインのおかずにもなりやすくて、私も水煮缶をよく使います。魚の缶詰にはたまねぎのスライスが合うと思っていて、サバ缶の味噌汁にもたまねぎです。一緒に煮てしまいたくなるところですが、ここはあえて生のまま。薬味がわりにあしらうと、ごはんにもお酒にも合う味噌汁になります。

材料と作り方 2人分

サバ缶…1缶
たまねぎ…½個
※あれば新たまねぎ
だし…450㎖
味噌…大さじ2

1 たまねぎは薄切りにし、水にさらしてぎゅっと絞っておく。

2 鍋にだしを入れて中火にかけ、沸騰したらサバ缶を大きくほぐしながら入れる(缶汁は入れない)。

3 味噌を溶いてひと煮立ちさせる。お椀によそい、たまねぎをのせる。

サバ缶と さらしたまねぎ

ぷよぷよになるのがたまらない冷めた天ぷらでお味噌汁

天ぷらを外で食べるとどうも気取った感じになってしまいますが、「そうじゃない！好きなものを気軽に揚げて食べたいんだ！」と、よく野菜を中心にした天ぷらを家で作っています。

なす、たまねぎ、さつまいも、かぼちゃが定番。あとは季節の野菜だったり、鶏のささみだったり、かまぼこだったり、冷蔵庫にあるものを揚げています。

さて、残った天ぷらの食べ方として、案外いいなと思うのが味噌汁です。冷めた天ぷらをトースターであたため直して素の味噌汁にぽちゃんと入れるだけ。

天ぷらの衣が汁でふやけたあの食感に、なぜか心落ち着きます。懐かしさすら感じるのはどうしてでしょう。子どものころに食べたことがあって、心の奥からあのぷよぷよした衣の記憶がそっと引き出されているのかもしれません。

材料と作り方 2人分

天ぷら…1〜2個
（なんでもOK。ここではなすとかぼちゃ）
だし…400mℓ
味噌…大さじ1と½
青ねぎ…少々

1 天ぷらは、オーブントースターなどであたためる。

2 鍋にだしを入れて中火にかけ、沸騰したら味噌を溶き入れる。

3 お椀に天ぷらを入れ、脇から味噌汁を注ぐ。小口切りにした青ねぎを散らす。

※天ぷらは後からぽちゃんとしてもOKです。

天ぷら

1人分の味噌汁ならレンジで作って食べきりたい

もし私がひとり暮らしになったら、味噌汁を作るのに苦労するだろうなと思います。味噌汁は、水が少なすぎると具材がうまく煮えてくれませんし、味も決まりにくくなります。普通のスープなら多めに作って煮返すという選択がありますが、味噌汁だけは作りたてが命と思う私にとって、何回か分を一度に作るというのは考えにくいのです。とはいえ、味噌汁なしの生活はつらい…。

それで考えたのが、レンジで作る1人分の味噌汁です。少量が時短で仕上がるのがレンジ調理のなによりの魅力。だしも顆粒だしで十分においしいです。

作り方は問題ではありません。作りたての味噌汁があるということが私にとっては幸せな食卓の象徴なのです。

一杯の味噌汁を自分のためだけにでも作れる人生でありたいと思っています。

材料と作り方 1人分

- 豆腐…70g
- 油揚げ…⅓枚
- 乾燥わかめ…小さじ1
- 味噌…大さじ1
- 顆粒だし…ふたつまみ
- 水…200㎖

1 耐熱容器にさいの目切りにした豆腐、油揚げ、味噌、顆粒だしを入れ、水を加える。ゆるくラップをするか、ふたをずらしてかける。

2 1をだしがしっかりあたたまるまで600Wのレンジで2分半〜3分加熱する。

3 味噌を溶き、わかめを加える。

ゆとりのあるサイズを選んで

豆腐と油揚げと わかめの コンテナ味噌汁

コラム 4

あると嬉しい 味噌汁トッピング

香りを足す

ふわっと香って
幸せな気持ちに

[長ねぎ／たまねぎ]

おすすめ具材：肉類・魚類・あさり・しじみ・豆腐・油揚げ・わかめ・納豆

[みょうが]

おすすめ具材：なす・豆腐・油揚げ・とろろ昆布・トマト・麩

[ゆず皮]

おすすめ具材：豚肉・鶏肉・魚介類・豆腐・大根・かぶ・長いも・きのこ

[刻みのり／青のり]

おすすめ具材：じゃがいも・長いも・里いも・キャベツ・たまご・えのきだけ・大根

[おろしにんにく]

おすすめ具材：肉類・サバ缶・たまねぎ・豆もやし・キャベツ

[青じそ]

おすすめ具材：なす・豆腐・油揚げ・白身魚

たとえばコレ！

P57 白菜とゆず
冬を代表する白菜に、季節の香りを添えて

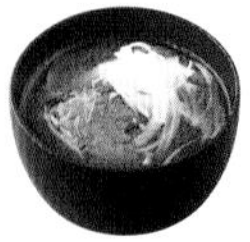

P130 サバ缶とさらしたまねぎ
サバ缶の臭みを生のたまねぎでカバー

辛みを足す

ピリ辛効果で
キリっと引き締まる

[一味唐辛子／七味唐辛子]

おすすめ具材：豚肉・魚介類・なす・れんこん・里いも・焼きねぎ

[こしょう]

おすすめ具材：肉類・ごぼう・じゃがいも・キャベツ・ニラ

[山椒]

おすすめ具材：牛肉・鶏肉・大根・たけのこ・ごぼう・豆腐

[刻みしょうが／おろししょうが]

おすすめ具材：肉類・魚介類・油揚げ・わかめ・大根・白菜・たまねぎ・なす・トマト

[溶き辛子]

おすすめ具材：豆腐・厚揚げ・焼きなす・にんじん

[ラー油]

おすすめ具材：豚肉・牛肉・ひき肉・豆腐・長ねぎ・チンゲンサイ・もやし

たとえばコレ！

P98 ぽとぽと鶏団子ともやしとたまねぎの粕汁
まったりした粕汁に、ピリッと七味がアクセント

P100 鶏だしの豆苗とはるさめ
鶏だしを吸ったはるさめにラー油がよく合います

いつもの味噌汁に変化をつけてくれるトッピングを役割ごとに紹介します。
食卓でそれぞれ自分好みにアレンジしても。味噌汁が何倍も楽しくなります！

食感を足す

口あたりに変化をつけて
食べごたえ！

[揚げ玉]
おすすめ具材：キャベツ・白菜・
えのきだけ・なす・青菜

[カリカリベーコン]
おすすめ具材：たまご・キャベツ・
トマト・ズッキーニ

[刻みオクラ]
おすすめ具材：豆腐・油揚げ・なす・
かぼちゃ・納豆・わかめ

[ポテトチップス]
おすすめ具材：たまねぎ・キャベツ・
あおさのり・切り干し大根

たとえばコレ！

P128 切り干し大根と ポテチ
滋味深い乾物の味噌汁がポテチで新食感！

ダブルや
トリプル使いもＯＫ

P110 私の冷や汁
多種類の薬味使いで夏の食欲増進！

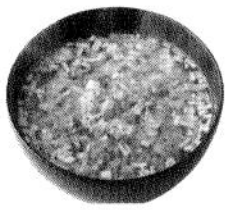

P66 ねぎとろ
七味とねぎの辛みと香りで魚の臭みもカバー

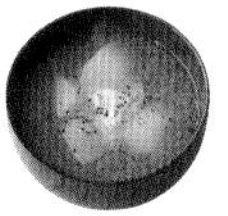

P86 じゃがバター
コクのバターに、こしょうでアクセントを

コクやうまみを足す

ひと味足りない
ときにも大活躍

[ごま／すりごま]
おすすめ具材：もやし・キャベツ・
白菜・ニラ・にんじん・鶏肉・白身魚

[ごま油]
おすすめ具材：豚肉・ひき肉・ニラ・
チンゲンサイ・もやし・キャベツ

[バター]
おすすめ具材：じゃがいも・たまねぎ・
コーン・鮭・鱈・きのこ

[粉チーズ]
おすすめ具材：キャベツ・トマト・
ほうれんそう・マッシュルーム・レタス

[かつお節]
おすすめ具材：たまねぎ・いんげん・
わかめ・キャベツ・ゴーヤ

たとえばコレ！

P96 ミネストローネ味噌汁
洋風味噌汁に、粉チーズでさらなるコクと香り！

P114 新たまねぎとかつお節
あっさり味噌汁に、追いがつおで変化を

P122 たたきオクラに ちょっと梅
さっぱり系の味噌汁に、ごまでコクのアクセント！

あとがき

30年間、味噌汁を作り続けてきました。スープ作家などと肩書きがつく前からずっと、味噌汁はわが家の毎日の食卓に欠かせないものでした。

ここだけの話、味噌汁の本は簡単にできるだろうと思っていたのです。すでにレパートリーは何百種類もありました。新しいレシピもすぐ作れる自信があったからです。でもそれが大きな間違いであったことは、すぐにわかりました。

ごちそう味噌汁、変わり種の目をひく味噌汁は確かにどんどん考えつきます。でも、そんな味噌汁ばかり、はたしてみんなは作りたいと思うだろうか。

味噌汁は毎日の食卓にあるものです。本を読んだ方が、これはうちの食卓にちょうどいいな、それでいていつもと違うなと感じられる味噌汁を紹介したい。それに、それぞれの家庭で、

すでに使い慣れているだしや味噌を大切にしてもらいながら、新しい味噌汁を伝えたい。望んだのは「私の味噌汁」を提案しつつ、読んだ方に「うちの味噌汁」を作ってもらうということ。それは決して容易なことではありませんでした。

あれこれ考えて迷走する私に、新星出版社の町田美津子さんが本当に粘り強く伴走してくださったことで、最終的に私が多くの人と共有したかった一冊ができたと思います。心から感謝します。

この本が、毎日のお味噌汁を作る手助けになれば、これ以上嬉しいことはありません。うちではこんな味噌汁を作っているよ、という声もお聞かせいただけたら幸いです。

有賀　薫

具材の組み合わせアイデア100

定番の食材だけでもこんなにたくさんの味噌汁を作ることができます。

毎日の味噌汁作りでふとマンネリを感じてしまったり、何かアイデアが欲しくなったときにお役立てください。

❶ 豆腐

- 豆腐×ニラ
- 豆腐×オクラ
- 豆腐×トマト
- 豆腐×かにかまぼこ
- 豆腐×はるさめ
- 豆腐×鶏ささみ
- 豆腐×肉団子
- 豆腐×かつお節
- 豆腐×湯葉
- 炒め豆腐×ねぎ

❷ わかめ

- わかめ×もやし
- わかめ×豆苗
- わかめ×大根
- わかめ×かぶ
- わかめ×きゅうり
- わかめ×みょうが
- わかめ×ザーサイ
- わかめ×厚揚げ
- わかめ×ちくわ
- わかめ×鶏ひき肉

❸ 油揚げ、厚揚げ

- 油揚げ×かぼちゃ
- 油揚げ×水菜
- 油揚げ×オクラ
- 油揚げ×ブロッコリー
- 油揚げ×ルッコラ
- 焼き油揚げ×わかめ
- 油揚げ甘煮×九条ねぎ
- 厚揚げ×ニラ
- 厚揚げ×白菜
- 厚揚げ×れんこん

❹ 大根

- 大根×小松菜
- 大根×まいたけ
- 大根×あおさのり
- 大根×カイワレ
- 大根×しいたけ
- 大根×ごぼう
- 大根×ひき肉
- 大根×サバ缶
- 大根×こんにゃく
- 大根×なめこ

❺ じゃがいも

- じゃがいも×コーン
- じゃがいも×ベーコン
- じゃがいも×スナップエンドウ
- じゃがいも×エリンギ
- じゃがいも×チンゲンサイ
- じゃがいも×鮭
- じゃがいも×三つ葉
- じゃがいも×ハム
- マッシュポテト×青ねぎ
- フライドポテト×パセリ

❻キャベツ

- キャベツ×えのきだけ
- キャベツ×揚げ玉
- キャベツ×もやし
- キャベツ×かきたま
- キャベツ×長いも
- キャベツ×あさり
- キャベツ×ベーコン
- キャベツ×魚肉ソーセージ
- キャベツ×キムチ
- キャベツ×鶏ひき肉

❼なす

- なす×みょうが
- なす×オクラ
- なす×魚肉ソーセージ
- なす×モロヘイヤ
- なす×かぼちゃ
- なす×じゃがいも
- なす×いんげん
- 焼きなす×かつお節
- 蒸しなす×細ねぎ
- 炒めなす×にんにく

❽たまねぎ、長ねぎ

- たまねぎ×わかめ
- たまねぎ×あらびきこしょう
- たまねぎ×アスパラガス
- たまねぎ×きぬさや
- たまねぎ×はんぺん
- 長ねぎ×里いも
- 長ねぎ×きくらげ
- 長ねぎ×水菜
- 焼きねぎ×ゆず皮
- 炒めねぎ×鶏皮

❾青菜

- ほうれんそう×麩
- ほうれんそう×じゃがいも
- 小松菜×油揚げ
- 小松菜×すりごま
- チンゲンサイ×にんにくチップ
- チンゲンサイ×さつま揚げ
- 水菜×かにかまぼこ
- 水菜×にんじん
- 豆苗×鶏ひき肉
- 菜の花×かきたま

❿きのこ

- なめこ×みょうが
- しめじ×かぶ
- しめじ×里いも
- えのきだけ×焼きのり
- えのきだけ×梅
- まいたけ×牛肉
- まいたけ×ごぼう
- エリンギ×さつまいも
- しいたけ×鶏団子
- しいたけ×はるさめ

索引

野菜・いも